Salvador Dalí

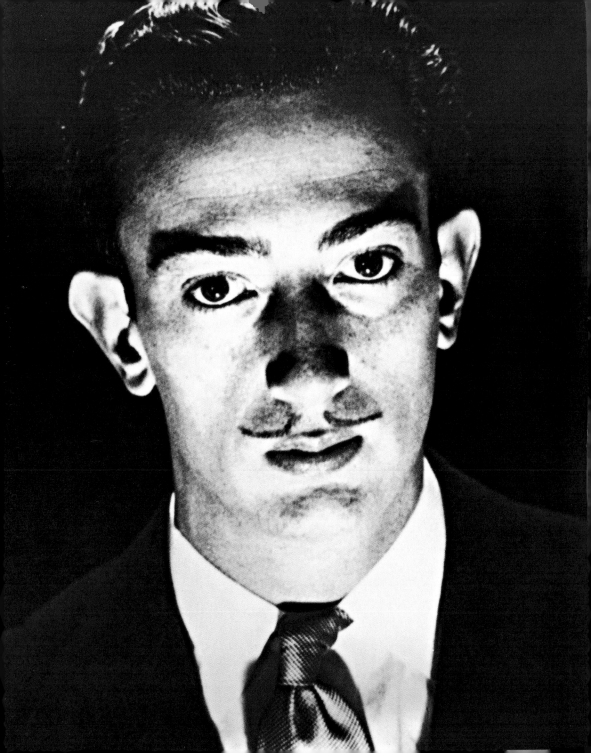

Frank Weyers

Salvador Dalí

Vida y obra

KÖNEMANN

La juventud de Dalí
Página 6

Años de estudio
Página 14

| 1904 | 1915 |
| 1940 | 1950 |

En el exilio
Página 46

Mística nuclear
Página 58

Surrealismo
Página 22

Tiempos de guerra
Página 36

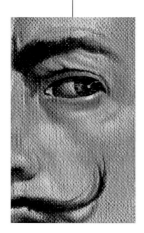

Fama en la posguerra
Página 70

Experimentos tardíos
Página 82

La vida y la obra de Salvador Dalí están íntimamente relacionadas; muchos de los acontecimientos de su vida hallan reflejo inmediato en su obra y un buen número de sus cuadros tan sólo pueden ser interpretados a partir de los datos biográficos. Dalí recibe su primera clase de dibujo a los diez años por sugerencia del entonces famoso pintor impresionista Ramón Pichot (1872-1925), amigo del padre de Dalí. Las clases tienen lugar en El Molí de la Torre, un molino propiedad de la familia Pichot, y es aquí donde Dalí entra en contacto por primera vez con el estilo impresionista. Más tarde el pintor contaría que los cuadros de Pichot ejercieron una gran influencia sobre él en la medida que fueron su primer contacto con una corriente artística no académica. Los dibujos y cuadros de esta época, además de retratos, muestran sobre todo el paisaje de su tierra, Cataluña, que posteriormente será una constante en su obra.

Soldados, franceses 1916

Dalí a los cuatro años

1905 Albert Einstein desarrolla la teoría de la relatividad.

1913 Kazimir Malevich pinta *Cuadrado Negro.*

1914 Atentado de Sarajevo; estallido de la Primera Guerra Mundial.

1917 Duchamp conmociona el mundo artístico con su *ready-made* titulado *Fontaine,* un urinario sobre un pedestal.

1919 Se promulga la Ley seca en EE.UU.

1936 Se proyecta la película *Tiempos modernos,* de Charles Chaplin.

1904 Salvador Felipe Jacinto Dalí nace en Figueres.

1908 Nacimiento de su hermana Ana María.

1914 Dalí entra en contacto con la pintura impresionista. Ingresa en un instituto privado de Figueres.

1918 Recibe clases del maestro Juan Núñez en la escuela municipal de dibujo de Figueres. Primera exposición de sus obras en el Teatro municipal de Figueres.

Izquierda:
Autorretrato en el *atelier* (hacia 1919)
Óleo sobre lienzo
27 x 21 cm
Museo Salvador Dalí, St. Petersburg
(Florida)

Derecha:
Salvador Dalí (hacia 1909)

Niñez

Salvador Felipe Jacinto Dalí nació el 11 de mayo de 1904 en Figueres, una pequeña localidad española situada junto al Mediterráneo, cerca de la frontera francesa. Su padre era el notario de la ciudad, una personalidad influyente en la sociedad local, y su madre, Felipa Domènech Dalí, provenía de una distinguida familia burguesa de Barcelona. Dalí nació exactamente nueve meses y diez días después de la muerte de su hermano, que pereció cuando apenas contaba tres años. Por el hecho de llevar el mismo nombre que su hermano, Dalí a menudo se sentía como una especie de sustituto. Sin embargo, la muerte temprana del primer hijo inducía a los padres a proteger y mimar especialmente a este segundo. El pequeño

Dalí se comportaba como un tirano que dominaba toda la casa y rápidamente aprendió a sacar provecho del poder que tenía sobre sus padres: cuando no recibía lo que quería, era capaz de protagonizar las rabietas más espectaculares.

La educación del jovencito estuvo marcada por el cuidado de las mujeres de la casa: su madre, su abuela, la tía y la niñera. Al mismo tiempo tenían lugar las primeras confrontaciones con su padre. Por un lado, el padre de Dalí era un hombre autoritario de ideas conservadoras, y por otro, un ateo y un librepensador que abogaba por la independencia de Cataluña respecto del Estado español. Mediante comportamientos extravagantes e irracionales, como la escenificación de interminables ataques de tos durante la comida, Dalí se rebeló desde muy temprana edad contra el intento del padre de inculcar la disciplina a su hijo.

Aún en edad escolar, Dalí empezó a recibir clases de dibujo. En 1918 sus cuadros se expusieron por primera vez, en el teatro de Figueres, y fueron

Don Salvador Dalí y Cusi (hacia 1904)

Doña Felipa con su hermana Catalina (*Tieta*) (hacia 1904)

El padre de Dalí era considerado un hombre inteligente y culto, capaz de mantener una conversación amena e interesante sobre casi cualquier tema. Se interesaba por la música, la pintura, la política y, naturalmente, por su especialidad, el derecho. Además, dado que muchos de sus amigos pertenecían a la vanguardia política e intelectual, estaban en condiciones de reconocer y potenciar el talento del joven Salvador Dalí.

El enlace de la madre de Dalí, Felipa Domènech, con el ilustre notario tuvo lugar el año 1900 en Figueres. El hermano de ésta era propietario de una conocida librería de Barcelona, que era el punto de encuentro de escritores y artistas. Gracias a sus contactos con el mundo del arte, el tío de Dalí desempeñó un papel importante en la evolución del artista. Su tía, la *tieta* Domènech, era soltera y vivía en la casa de los Dalí en Figueres.

Retrato de Lucía
(1917)
Óleo sobre lienzo
44,1 x 33,4 cm
Particular

Dalí estaba enfermo cuando pintó este cuadro. Lucía era la niñera que le atendía y le sirvió de modelo durante ese período. Dalí idolatraba a esa mujer mayor, y de niño escuchaba con deleite las historias que les contaba a él y a su hermana antes de acostarse.
El cuadro es un testimonio del gran talento artístico del joven pintor de 14 años. Sus tempranas dotes para el retrato se manifiestan en la estudiada composición de los colores, la plasticidad de los rasgos faciales y la seguridad en el trazo de la pincelada.

muy elogiados por algunos críticos. Durante esta fase, además de la pintura impresionista, su atención se dirigía al Cubismo, y en 1919, con 15 años, fundó una revista de estudiantes para la que redactó artículos sobre las obras de los grandes maestros como El Greco, Goya, Miguel Ángel y Velázquez. Dalí leyó a Nietzsche, Kant y Voltaire y empezó a interesarse por la psicología. A pesar de que en la escuela sólo había obtenido resultados mediocres, en las pruebas de acceso a la universidad obtuvo unas notas sorprendentemente buenas, de manera que pudo ingresar sin problema alguno en la Escuela de Bellas Artes.

Paisaje
(1910–1914)
Óleo sobre cartón
14 x 9 cm
Colección Albert Field, Astoria (Nueva York)

Cadaqués

Salvador Dalí era natural de Cataluña, una región que hoy constituye una comunidad autónoma dentro de España. Cataluña, que cuenta con unos seis millones de habitantes, ha luchado siempre por su independencia del Estado español y ha defendido su propia lengua, literatura y cultura. Al igual que su padre, Dalí al principio también fue un apasionado nacionalista catalán, pero más tarde acabó por simpatizar con el general Franco, gran defensor del centralismo español.

La tierra de Dalí, y sobre todo el paisaje del Empordà con su ciudad natal Figueres, constituye un motivo constante en su obra. Le fascinaba especialmente el pueblo costero de

Retrato de Hortensia, campesina de Cadaqués (1918)
Óleo sobre lienzo
34,6 x 26 cm
Particular

Abajo:
La familia Dalí delante de su casa, en la playa de Cadaqués (1920)

Salvador Dalí, con cuatro años de edad, sentado delante de sus padres. A su lado está su tía (la *tieta*), que se inclina sobre Ana María, la hermana pequeña del pintor. Presidiendo el cuadro se halla su abuela Mariana, sentada en una mecedora. Arriba a la izquierda vemos a Lucía, la niñera de Dalí.

Cadaqués y la bahía de Port Lligat, con sus escarpadas costas rocosas y sus extraordinarias condiciones de luminosidad, que según la incidencia de la luz del sol o de la luna tiñen el agua de la bahía desde el negro oscuro hasta el verde pálido. Esta parte del litoral catalán se ve acechado tanto en invierno como en verano por violentas tormentas que azotan el agua del mar contra las rocas y que a lo largo del tiempo han esculpido por la erosión curiosas formas en las que se puede adivinar el contorno de rostros o pequeños animales. Este paisaje y su capacidad para cambiar de aspecto según la hora del día constituirían para Dalí una importante fuente de inspiración durante toda su vida.

En Cadaqués, a tan sólo 30 km de Figueres, los Dalí poseían una casa

Nave

(1918)
Óleo sobre lienzo
26 x 31 cm
Particular

La vivacidad de la pincelada y el centelleo del claroscuro en la superficie del agua ponen de manifiesto hasta qué punto Dalí había estudiado a los impresionistas. Para los representantes de esta corriente, que querían plasmar en sus cuadros la fugacidad del tiempo, la luz era decisiva para la impresión de un motivo. De manera parecida a como lo hacía, por ejemplo, el pintor Claude Monet, Dalí emplea pinceladas pequeñas para captar la atmósfera crepuscular demostrando saber imitar la técnica impresionista. Para conocerla aún mejor, Dalí descubrió algo que le sirvió de gran ayuda: el tapón de cristal de una garrafa actúa como un caleidoscopio, y mirando a su través tenía la impresión de estar observando un cuadro impresionista.

de veraneo. Este pueblo de pescadores está rodeado por altas montañas y se abre a una bahía que sirve de abrigo a las embarcaciones ante el siempre turbulento mar. Al noroeste aguarda el Cap de Creus, un saliente inmenso «en el que las montañas de los Pirineos, en un grandioso delirio geológico, se sumergen en el mar», como describió el mismo Dalí.

En compañía de su hermana Ana María, tres años menor que él, salían de excursión con El Beti, un pescador que conocía el nombre de cada una de las rocas y podía explicar mil y una historias que se transmitían de generación en generación.

Algunas noches de verano, cuando el mar estaba sereno, la familia de los Pichot, que eran amigos de los Dalí, organizaba conciertos nocturnos en pleno mar o en la costa. Para ello colocaban con gran ampulosidad un piano de cola en una barca o directamente sobre los peñascos. Así pues, este tipo de escenas que Dalí más tarde plasmaría en sus cuadros no procedían exclusivamente de su imaginación, sino que a menudo respondían a vivencias concretas de su infancia.

Retrato del violoncelista Ricardo Pichot
(1920)
Óleo sobre lienzo
61,5 x 50,2 cm
Colección particular

El cuadro muestra a Ricardo, hermano del pintor Ramón Pichot, tocando el violoncelo en un cuarto vacío e inundado por la luz rosada de la puesta del sol. A pesar de algunos puntos débiles en la composición, el cuadro demuestra la habilidad del joven Dalí con el color y el trazo.

Obra temprana

Una experiencia decisiva en el desarrollo de Dalí como pintor fue su estancia en 1916 en El Molí de la Torre, un molino propiedad de la familia Pichot situado cerca de Figueres. Un día Dalí descubrió allí una puerta carcomida y sobre ella pintó cerezas utilizando sólo tres colores: bermellón para las zonas oscuras, rojo carmín para las claras y blanco para los puntos de luz superpuestos. Extendió la pintura directamente sobre la superficie y sin dejarla secar incrustó rabos de cereza auténticos. Se dice que Pepito, uno de los hermanos de Ramón

Autorretrato con cuello de Rafael
(hacia 1921)
Óleo sobre lienzo
40,5 x 53 cm
Fundació Gala-Salvador Dalí, Figueres

No falto de arrogancia y con una gran seguridad en sí mismo, Dalí se muestra en este autorretrato con los rasgos del pintor italiano Rafael Santi. Es obvio que se siente llamado a ser pintor y que tiene ante sí un gran objetivo: alcanzar la fama y la genialidad de Rafael, y no tiene ningún reparo en mostrarlo.

Pichot, al ver el colage exclamó: «¡Aquí hay un verdadero genio!», lo cual reforzó en gran medida la intención de ser pintor en aquel jovencito de doce años.

A partir del otoño de 1916 y durante seis años Dalí recibió clases de pintura complementarias en la escuela del profesor Núñez, que inició al chico en los principios del dibujo y la composición y tuvo una importancia capital para su futuro desarrollo artístico. Durante ese tiempo Dalí experimentaba especialmente con el estilo impresionista, que en su obra se entremezcla con elementos del fauvismo y el arte popular catalán.

Dalí conocía a los fauvistas, y sobre todo a Matisse, por los libros y revistas que su tío, propietario de una librería en Barcelona, le enviaba.

La osada combinación de colores en su *Autorretrato con cuello de Rafael* da fe de su interpretación del principio de los fauvistas: conceder más importancia al color puro que a la forma.

«Este artista estará en boca de todos» auguraban algunos de los críticos más famosos en 1918 con motivo de la exposición de Salvador Dalí en el teatro municipal de Figueres, al tiempo que reconocían en aquel jovencito de 14 años un talento excepcional. Además de algunos retratos, lo que realmente cautivó al público y a los críticos fue el paisaje de los alrededores de Cadaqués, que a menudo Dalí había captado envueltos en una atmósfera de lirismo y en toda su belleza.

Retrato de mi padre
(1920)
Óleo sobre lienzo
91 x 66,5 cm
Fundació Gala-Salvador Dalí, Figueres

La imponente figura del notario de Figueres se levanta sobre una colina, delante de Cadaqués, y parece tomar posesión de la bahía y sus alrededores. Su perfil se muestra severo, casi autoritario: el traje negro, el magnífico reloj de bolsillo y la pipa en la mano izquierda caracterizan a este hombre como un dignatario de alto prestigio social. El retrato suscita el sentimiento de que entre el pintor y el modelo existía una distancia motivada probablemente por la complicada relación entre el padre severo y el hijo adolescente. Una jovencita, tal vez la hermana de Dalí, corre colina abajo. La pequeña figura en movimiento contrasta por completo con la silueta estatuaria del padre y transmite un agradable sentimiento de libertad y despreocupación.

Años de estudio 1921–1928

Al finalizar la escuela Dalí inicia en 1922 sus estudios de arte en la Academia Real de Bellas Artes de Madrid. Al poco tiempo de matricularse, aquel estudiante rebelde es expulsado de la escuela al ser considerado el cabecilla de un grupo de estudiantes contestatarios que se oponen al nombramiento de un catedrático presuntamente conservador. Poco después, la galería Dalmau de Barcelona alberga la primera exposición individual de Dalí, que recibe toda clase de elogios por parte de la crítica. En junio de 1926 Dalí tiene que abandonar la academia por segunda vez porque se niega a realizar los exámenes; convencido de su talento, sostiene que la calificación de los examinadores no es suficiente para juzgarle. Regresa a Figueres y Cadaqués, donde se dedica intensamente a sus estudios artísticos. Sin embargo, el corto tiempo que ha vivido en Madrid será determinante en su vida, ya que allí ha conocido a Luis Buñuel y a Federico García Lorca y ha tenido su primer contacto con el Surrealismo.

Charles Chaplin, 1928

1920 Introducción del derecho a voto para las mujeres en los EE.UU.

1922 Tratado de Rapallo por el que Alemania y Rusia retoman sus relaciones.

1923 Creación de la revista *Time*.

1924 En octubre se publica el primer *Manifiesto surrealista* de André Breton.

1925 Walter Gropius crea en Dessau la Bauhaus.

1926 Fritz Lang rueda la película *Metrópolis*.

Salvador Dalí hacia 1925

1921 El 6 de febrero muere la madre de Dalí. Prueba de ingreso en la Real Academia de Bellas Artes en Madrid.

1923 Dalí es expulsado de la escuela por un año. *Autorretrato cubista.*

1926 Primer viaje a París: visita a Picasso. Expulsión definitiva de Dalí de la Escuela de Bellas Artes.

1927 Dalí termina su servicio militar.

1928 Se celebra la 27ª Exposición Internacional de Pintura en Pittsburgh.

Izquierda:
Autorretrato cubista (1923)
Óleo y colage sobre cartón y madera
104,9 x 74,2 cm
Museo Nacional Centro de Arte
Reina Sofía, Madrid

Derecha:
Clase de Dalí en la Academia de Bellas Artes de Madrid (1923)

El círculo de amigos de Madrid

En la capital Dalí vivía en la Residencia de Estudiantes, un centro de alojamiento para estudiantes de las clases altas, moderno y completamente abierto a la vanguardia europea. Una biblioteca muy bien dotada ofrecía a los estudiantes la posibilidad de informarse sobre las nuevas tendencias internacionales en el ámbito de las bellas artes. Además, algunas de las personalidades más famosas de la época, como el científico Albert Einstein, el escritor H. G. Wells o el compositor Igor Strawinsky daban conferencias o exponían su obra en aquel centro.

Durante los primeros tiempos en Madrid, Dalí vivía aislado y dedicado por completo a sus estudios, pero no tardó en establecer contacto con otros estudiantes de la residencia, entre los cuales se encontraban Luis Buñuel y Federico García Lorca. Sobre todo con el poeta, con quien Dalí solía pasar noches enteras discutiendo y con quien también trabajaba, se forjó un estrecho vínculo de amistad. La *Oda a Salvador Dalí* de Lorca da fe de la intensidad de esta relación, que según Dalí significaba algo más que una relación de amistad para el poeta homosexual. Dalí se sentía muy halagado, pero en aquel tiempo era aún inexperto en materia sexual y temía ser tomado por homosexual. Incluso mucho tiempo después de la muerte de García Lorca el artista no se cansaba de repetir que en su relación nunca se había establecido ningún tipo de

Escena en un café de Madrid, 1923
Tinta china, medidas desconocidas
Colección particular

Esta lámina pertenece a una serie de dibujos con tinta y esbozos de óleos en los que Dalí intenta acercarse al purismo y a la composición formal del lenguaje basado en el colage característico de los dadaístas. En su famoso *Autorretrato cubista* (página 14) puede verse una representación esquemática del rostro similar a estas características.

Federico García Lorca y Dalí
(Cadaqués 1927)

contacto sexual. Las fotografías de aquel tiempo, sin embargo, dan testimonio de una relación muy íntima entre los dos hombres.

En colaboración con sus amigos de la residencia, Dalí desarrolló una terminología propia de signos y símbolos que constituirá una constante en sus obras posteriores. Una de las palabras clave es *putrefacto* (podredumbre, descomposición), conceptos que en la obra de Dalí se simbolizan mediante un burro podrido u hormigas devorando un cuerpo muerto. Dalí ya había usado esa palabra con sus compañeros de escuela como insulto hacia la odiada clase social de la gran burguesía conservadora.

La amistad del pintor con García Lorca se prolongó hasta 1928. La forma en que el poeta hacía fluir en su literatura elementos folclóricos y regionales, que a Dalí le parecía demasiado reaccionaria, y el rechazo de sus sentimientos románticos hicieron que el pintor se apartara cada vez más de él.

Federico García Lorca, que durante la Guerra Civil Española luchó en el bando de los republicanos, fue ejecutado por los fascistas del general Franco. Poco antes, Dalí había retomado, tras un largo tiempo de separación, el contacto con su antiguo amigo, de manera que su muerte le afectó mucho.

Retrato de Luis Buñuel (1924)
Óleo sobre lienzo
68,5 x 58,5 cm
Museo Nacional
Centro de Arte Reina
Sofía, Madrid

Buñuel, hijo de un rico empresario de Aragón, vivió desde 1917 en la Residencia de Estudiantes. Después de haber iniciado la carrera de ingeniería, estudió entomología y finalmente historia. Como miembro perteneciente a diferentes círculos de intelectuales en los que se discutía con entusiasmo las corrientes vanguardistas en arte y literatura, Buñuel introdujo a Dalí en la vida nocturna de Madrid. El retrato de Dalí muestra la profunda admiración que sentía por la firmeza y la inteligencia de su amigo y capta de una forma magistral el carácter condescendiente de Luis Buñuel.

«Canto sobre todo a un pensamiento que nos es común, que nos une en las horas oscuras y doradas. No es el arte la luz que ciega nuestros ojos. Antes es el amor, la amistad e, incluso, el sable.»

Federico García Lorca

Experimentos pictóricos

Durante sus años escolares Dalí se había confrontado sobre todo con el impresionismo. Su época de estudiante en Madrid se caracterizó por el hecho de haberse apropiado de los más diversos estilos artísticos en muy poco tiempo, lo que despertaba la admiración de sus compañeros, en especial porque siempre era capaz de conservar algo propio y no se limitaba simplemente a imitar. Del Dadaísmo le atraían las composiciones en forma de colage; en algunos cuadros futuristas intentó resolver el problema de la plasmación del movimiento. También le fascinaba la representación de diferentes perspectivas en un cuadro, como se apreciaba en los cuadros cubistas de Juan Gris y Pablo Picasso. Más tarde fueron las obras neoclásicas de Picasso las que impulsaron decisivamente el estilo de Dalí hacia un tipo de pintura casi fotorrealista.

Todos estos experimentos pictóricos tenían lugar simultáneamente y a menudo Dalí trabajaba en cuadros que desde un punto de vista formal diferían mucho entre sí; todavía se hallaba a la búsqueda de su estilo propio y personal.

Hacia finales del año 1924 empieza un período que se caracteriza por una pintura madura y con una tendencia hacia el estilo del Nuevo Realismo. En muchas de las obras de este tiempo Dalí toma por modelo a su hermana Ana María, que el pintor muestra desde diferentes perspectivas, pero preferentemente de espaldas. La precisión de los contornos, una coloración austera y el

Portada del catálogo la exposición de S. Dalí en la Galería Dalmau de Barcelona (1925)

Figura entre las rocas
(1926)
Óleo sobre tabla
27 x 41 cm
Museo Salvador Dalí,
St. Petersburg
(Florida)

Esta figura tumbada ha sido interpretada como Venus o la voluptuosidad. El sexo de la mujer queda oculto bajo su camisa, pero aparece representado en la sombra de los pliegues que se forman entre las piernas abiertas.

La cesta del pan
(1926)
Óleo sobre tabla
31,5 x 31,5 cm
Museo Salvador Dalí,
St. Petersburg
(Florida)

Venus y cupidillos
(1925)
Barniz sobre tabla
23 x 23,5 cm
Colección particular

La precisión de las líneas y la claridad de las formas de la monumental figura de Venus son una prueba evidente de la influencia de las obras neoclasicistas de Picasso en su labor artística. La escena de cupidillos mostrando la concha a Venus debe ser interpretada como una alusión sexual, reforzada por las concavidades de las rocas que aparecen al fondo.

modelado plástico típicos del estilo del pintor clásico Jean-Auguste-Dominique Ingres y del neoclasicismo de Picasso son las características más relevantes de las obras de esta época. Aproximadamente a partir de 1926 Dalí empezó a pintar en un estilo muy nítido, casi fotorrealista, pero siguió experimentando nuevas técnicas. En los cuadros de esta fase Dalí demostró que dominaba perfectamente las técnicas pictóricas de los grandes maestros de antaño. Más tarde utilizaría esta perfección en la representación para conferir un aspecto de realidad a los motivos más lejanos de sus sueños y pesadillas irracionales.

Bajo la influencia de Joan Miró, que lo visitó en Cadaqués en 1926, así como de Giorgio de Chirico e

Yves Tanguy, Dalí empezó a insertar motivos asociados libremente en paisajes de una apariencia irreal cuyo único elemento constante eran los peñascos de la Costa Brava: fragmentos de cuerpos, caras y miembros, así como cadáveres de asnos y esqueletos de pájaros son algunos de los motivos que, como símbolos de la estética de lo putrefacto, pueblan estos cuadros y deben ser interpretados biográficamente. Ante todo, estos cuadros representan el esfuerzo de Dalí por crear imágenes que parezcan «fotografías pintadas a mano de la irracionalidad concreta», como él mismo explica en un texto de 1927. Asimismo, estas obras marcan la transición al período surrealista que el pintor inició hacia 1929.

Un perro andaluz

Una nube delgada se desliza ante la luna sobre un cielo nocturno, y tras una superposición de imágenes vemos el ojo de una mujer a punto de ser rasgado con una cuchilla de afeitar. Esta primera secuencia de la película escrita conjuntamente por Luis Buñuel y Salvador Dalí constituye una de las escenas más famosas e impresionantes de la historia del cine.

En 1928 Buñuel se dirigió a Dalí con la propuesta de rodar una película. El pintor estaba entusiasmado con el proyecto de su amigo, pero no con su guión, de manera que escribió otro. Buñuel reconoció que las propuestas de Dalí eran mejores y se encontraron en Figueres para redactar conjuntamente una versión definitiva. La regla que subyace en la película era muy simple: las imágenes y las secuencias no debían obedecer a ninguna lógica; tan sólo estaba permitido lo irracional, lo sorprendente. Se desconoce hasta qué punto Dalí, que hace una breve aparición en la película como monje, estuvo implicado en el rodaje del filme, que tuvo lugar en París durante dos semanas.

En junio de 1929 se realizó una primera proyección privada de la película que llevaba por título *El perro andaluz*, a la que asistieron entre otros el arquitecto Le Corbusier, Pablo Picasso y el propulsor del Surrealismo André Breton. Éste reconoció inmediatamente el talento de Dalí y Buñuel y calificó la obra como la primera película surrealista. Numerosas reseñas elogiaban el filme señalando

Secuencia de
Un perro andaluz
(1929)

El ojo cortado en realidad pertenecía a una ternera. Tanto Buñuel como Dalí reclaman para sí la idea de esta famosa escena, y es casi imposible averiguar su verdadero autor.

Por el contrario, la mano que se convierte en un hormigueo sí se puede atribuir al genio imaginativo de Dalí: las hormigas constituyen un *leitmotiv* en su obra y son un elemento esencial de su estética de lo putrefacto.

«Un perro andaluz *era la película de la adolescencia y la muerte, que clavé en el corazón de la intelectualidad y la elegancia de París con toda la verdad y la mordacidad de la daga ibérica.*»

Salvador Dalí

El enigma del deseo – Mi madre, mi madre, mi madre
(1929)
Óleo sobre lienzo
110,5 x 150,5 cm
Staatsgalerie moderner Kunst, Múnich

En las cavernas de la roca que se origina a partir de una cabeza puede leerse la inscripción «Ma Mère». Esta cabeza aparece en forma similar en muchas obras de Dalí, en la mayoría de las cuales pueden leerse fantasías eróticas. El título del cuadro hace referencia al complejo de Edipo, estudiado por Sigmund Freud, y que describe el miedo a la castración. Este miedo se insinúa igualmente en las figuras entrelazadas del fondo, una de las cuales sostiene un cuchillo. El motivo del saltamontes que se arrima a la pareja también debe ser interpretado como un símbolo del miedo y tiene su origen en las experiencias infantiles del pintor. De niño Dalí sentía un verdadero pánico ante los saltamontes y sufría ataques de histeria cuando uno de estos animales amenazaba con saltarle encima.

que constituía un hito en la historia del cine y que se trataba de una obra maestra del Surrealismo.

La relevancia de la obra de Buñuel y Dalí en la historia del cine se explica por el hecho de que por primera vez se había aplicado a este medio el principio fundamental del *Primer Manifiesto Surrealista*, escrito por Breton: la libre asociación de motivos visuales y lingüísticos. Desde la primera toma el espectador entra en un estado de *shock* del que no se liberará ni un momento: miedo, dolor humano y putrefacción se mezclan con una comicidad macabra en una serie de escenas cotidianas obscenas. La técnica de montaje y el entrelazamiento de motivos recuerdan la técnica de la «escritura automática» de los surrealistas, con la que se pretendía hacer aflorar pensamientos inconscientes e irracionales. Dichas técnicas son consideradas hasta hoy la piedra de toque de la estética cinematográfica del siglo XX. La estructura narrativa, que transforma lo aparentemente dotado de significado en absurdo y al mismo tiempo desvela en lo absurdo un sentido más profundo, pretendía ser un reto surrealista a la fantasía del público. Y en este sentido cabe destacar que obtuvo la respuesta esperada.

Al terminar el rodaje, y puesto que estaba a punto de presentar su primera exposición en París, Dalí regresó a España para dedicarse exclusivamente a su pintura. El estreno de la película tuvo lugar en la capital francesa el mes de octubre, mientras el pintor se hallaba ausente.

Surrealismo

El período que abarca desde 1929 hasta el comienzo de la Segunda Guerra Mundial constituye la fase más productiva y significativa de Dalí. Conoce a la que será su esposa, Gala Éluard, se incorpora al grupo de los surrealistas y desarrolla su «método paranoicocrítico», una técnica artística que estará presente a lo largo de su vida y que constituye una de las contribuciones más importantes al Surrealismo. En numerosos ensayos aparecidos en publicaciones surrealistas, Dalí explica sus ideas y su realización, puesto que había encontrado un estilo pictórico propio y muy personal que le haría famoso en todo el mundo. En esta época surgen sus obras más famosas y su esfuerzo se ve ampliamente recompensado desde el punto de vista económico: contratos con mecenas y comerciantes de arte le garantizan unos ingresos regulares que le permiten obtener una base económica segura para su creación artística.

Hitler durante una proclamación, 1934

Dalí, 1929

1929 El crac de la bolsa de Nueva York desencadena una crisis económica mundial.

1931 Auguste Piccard se eleva por primera vez a la estratosfera.

1932 Publicación de la novela *Un mundo feliz*, de Aldous Huxley.

1933 El presidente del Reich Hindemburg nombra a Hitler canciller del Reich.

1936 Carl Orff compone *Carmina Burana*.

1929 Dalí pinta *El juego lúgubre*. Visita de los surrealistas en Cadaqués. Dalí conoce a Gala Éluard. Estreno de *Un perro andaluz*.

1930 Dalí compra una casita de pescadores en Port Lligat. Buñuel y Dalí ruedan la película *La edad de oro*, que se prohíbe poco después de su estreno.

1931 Surgen los primeros objetos surrealistas. *Persistencia de la memoria*.

1933 Ilustraciones para *Los cantos de Maldoror*, del Conde de Lautréamont. *El enigma de Guillermo Tell*. Primera exposición en Nueva York.

1934 Primer viaje a EE.UU.

1935 Dalí publica *La conquista de lo irracional*.

Izquierda:
Jirafas encendidas (1936-1937)
Óleo sobre tabla
35 x 27 cm
Kunstmusem Basel, Basilea

derecha:
Teléfono-bogavante (1936)
15 x 30 x 17 cm
Museo Boijmans Van Beuningen, Rotterdam

El encuentro con Gala

En la primavera de 1929 Dalí conoció, a través de su comerciante de arte Camille Goemans, al poeta francés Paul Éluard, quien le prometió visitarlo en Cadaqués el verano siguiente. Durante esos meses el artista pintó su famoso cuadro *El juego lúgubre* (página 33) cuya despiadada representación de excrementos llegó a escandalizar incluso a sus amigos surrealistas.

Durante esa época Dalí intentaba liberarse definitivamente de la influencia de la autoridad de su padre y manifestaba una gran inseguridad en la relación con otras personas. A menudo el estado del artista cobraba rasgos de histeria. Sus cuadros mostraban sus pesadillas más íntimas y estaban poblados de figuras turbadoras.

Retrato de Gala con dos chuletas en equilibrio sobre el hombro (1933)
Óleo sobre tabla
6 x 8 cm
Fundació Gala-Salvador Dalí, Figueres

Los objetos comestibles constituyen en Dalí una metáfora del reconocimiento: el que come hace suyo lo extraño. El cuadro está motivado por el principio surrealista de la libre asociación, que permite a Dalí relacionar su pasión por las costillas con el amor apasionado que sentía hacia Gala.

Gala y Dalí (1932)

Cuando Éluard llegó a Cadaqués acompañado de su esposa Gala y la hija de ambos, Cécile, Dalí se sintió inmediatamente atraído por Gala. Su histeria empeoró hasta tal punto que sus amigos empezaron a preocuparse seriamente por él y pidieron a Gala que le cuidara: se afeitaba las axilas y se pintaba de azul, rasgaba sus camisas, se untaba con excrementos de cabra y cola de pescado, y llevaba como adorno un geranio rojo en la oreja. Sin embargo, al ver a Gala se sintió conmovido por su forma de reír. Ella tomó su mano e intentó tranquilizarlo prometiéndole no abandonarlo nunca. Al cabo de poco tiempo parecía claro que Gala y Dalí eran inseparables, y cuando Éluard dio un ultimátum a su mujer pidiéndole que lo acompañara a París, Gala decidió quedarse junto a Dalí.

Gala, de procedencia rusa, era unos 10 años mayor que Dalí. Paul Éluard la había conocido en 1912 en un sa-

Retrato de Paul Éluard (1929)
Óleo sobre cartón
33 x 25 cm
En el pasado
Colección particular

Paul Éluard es uno de los escritores franceses más significativos. Este cuadro surgió el verano que el pintor conoció a Gala e inició su relación con ella. El poeta, vestido con americana y corbata, aparece como un busto suspendido sobre la ancha llanura del Empordà. A su alrededor se ordenan todos los motivos habituales de las obras de Dalí pertenecientes a esta época: saltamontes, cabezas de leones y monstruos, hormigas y manos. Estos motivos del miedo junto con las manos, que representan la masturbación como un acto «impuro», simbolizan el frágil estado psicológico del pintor. La relación con Gala no parece haber repercutido negativamente en la amistad de los dos hombres, como lo demuestra el hecho de que Gala siguió manteniendo una fuerte amistad con Éluard, quien se mostró tan generoso en esta relación como lo había sido durante la aventura amorosa con Max Ernst. El cuadro es un testimonio del gran aprecio que el pintor sentía por Éluard: los símbolos de las obsesiones de Dalí que rodean el busto del poeta son testimonio de la estrecha relación que unía a los dos hombres.

natorio de Suiza y se había casado con ella el verano de 1916 en París. A través de su marido había entrado en contacto con los surrealistas y otros muchos artistas vanguardistas, entre los cuales se encontraba el pintor Max Ernst, nacido en Brühl, cerca de Colonia, y con el que Gala, muy liberada en su vida sexual, mantuvo un romance.

Gala tenía una gran sensibilidad para el arte, cualidad muy apreciada por los surrealistas. Max Ernst rindió tributo a Gala como consejera y musa en un cuadro titulado *El encuentro de los amigos* (1922), en el que la mujer, único personaje no creador de la escena, aparece rodeada de pintores, poetas y filósofos. Dalí encontró en Gala a su compañera ideal, sin la cual posiblemente su histeria hubiera desembocado en la enfermedad. Tal y como el artista repite en varias ocasiones en sus escritos, Gala encarnaba para él no sólo la deseada y perfecta amante, sino también una terapeuta de vital importancia.

El grupo de los surrealistas

Después de que Georges Bataille publicara en 1929 un largo artículo sobre el cuadro *El juego lúgubre* (página 33), los surrealistas empezaron a tomar a Dalí en serio. Como nuevo miembro activo del grupo, el pintor ayudó a André Breton en la creación de la revista *El surrealismo al servicio de la revolución*, dio título al Segundo Manifiesto del Surrealismo y escribió numerosos artículos y ensayos para las publicaciones de este movimiento literario y artístico.

Los fundamentos teóricos del Surrealismo habían sido formulados por André Breton en su Primer Manifiesto. Para los miembros del grupo, compuesto principalmente por escritores, la fuente de toda expresión artística era el inconsciente y la vida onírica, que permitían liberarse de las represiones impuestas por las convenciones sociales y el sentido común. Entre los intelectuales despertaba un interés especial el método de la «escritura automática», que prescribía la redacción de textos más allá del control de la razón, es decir, a partir exclusivamente de imágenes intuitivas procedentes de sueños y del inconsciente.

Portada de la revista *Minotaure* (diseño de Dalí, 1936)

Albert Skira, un destacado editor, publicó de 1933 a 1939 doce números de esta revista de lujosa edición. Cada portada estaba diseñada por un artista diferente y los escritores surrealistas publicaban aquí sus mejores textos. La repercusión y la calidad de *Minotaure* no conoció rival.

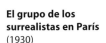

El grupo de los surrealistas en París (1930)

De izquierda a derecha: Tristan Tzara, Paul Éluard, André Breton, Hans Arp, Salvador Dalí, Yves Tanguy, Max Ernst, René Crevel y Man Ray.

Este grupo había surgido del Dadaísmo parisino, un movimiento que rechazaba las formas tradicionales del arte, pero que con el tiempo había empezado a distanciarse de las tendencias destructivas y anárquicas propias del movimiento dadaísta. Los surrealistas se encontraban más bien a la búsqueda de una nueva utopía social, y en este sentido estaban más próximos a la ideología del comunismo. Creían poder alcanzar su objetivo sociopolítico manifestando sus instintos y su in-

consciente, de acuerdo con la teoría psicoanalítica de Sigmund Freud, y contribuyendo de esta forma a la liberación humana.

Dalí estaba familiarizado con los escritos y las obras de los surrealistas, así como con la obra de Freud, desde su época de estudiante en Madrid. Cuando se incorporó al movimiento, éste ya había superado su punto culminante, pero la riqueza imaginativa del artista y el desarrollo de su «método paranoicocrítico» (páginas 32-33) contribuirían a mantenerlo vivo.

Ilusión visual parcial. Seis apariciones de Lenin sobre un piano (1931)
Óleo sobre lienzo
114 x 146 cm
Museo Nacional de Arte Moderno, Centro Pompidou, París

Con este cuadro Dalí aludía a la admiración de los surrealistas por el dirigente comunista.

La persistencia de la memoria

«Los "relojes blandos" no son más que el camembert paranoicocrítico, blando, extravagante y único del espacio y el tiempo. »

Salvador Dalí

Con los peñascos del Cap de Creus al fondo, se observa una cabeza con forma de ameba similar a la que ya aparecía en los cuadros de *El juego lúgubre* (página 33) y *El gran masturbador*. Sobre este rostro de largas pestañas se ve un reloj derritiéndose y a su izquierda un zócalo arcilloso sobre cuyo canto también se derrite un reloj. En el borde posterior del zócalo hay un árbol muerto de cuya única asta pende un tercer reloj blando.

Contrastando con estos relojes que se funden, en la parte delantera del zócalo se observa un reloj de bolsillo sólido y cerrado cubierto de hormigas. Estas hormigas y la mosca que puede verse en la esfera, que parece estar llena de agua, son los únicos seres vivos en este cuadro lleno de melancolía sombría. Cada reloj marca una hora diferente, y es que en el mundo onírico de Dalí el tiempo lineal que avanza continuamente no tiene

ninguna importancia. Nuestro pasado está grabado en nuestro recuerdo; los relojes, sin embargo, se derriten e incluso el reloj sólido está cubierto de hormigas, que para Dalí constituyen un símbolo de putrefacción y podredumbre, es decir, la muerte. Todo lo creado por el hombre está representado en el cuadro de Dalí como pasajero. Sólo los motivos «duros» del paisaje, las rocas del fondo iluminadas por una luz más

clara, perduran: allí se encuentra la verdadera perdurabilidad de los recuerdos. El contenido del cuadro, sin embargo, va más allá de este significado. El mismo Dalí se refirió a los relojes blandos como un símbolo de las cuatro dimensiones del continuo espacio-tiempo de la teoría de la relatividad. Esta teoría había demostrado que cada cuerpo tiene un tiempo propio que depende de su movimiento y de su estado energético, y no del tiempo mesurable mediante relojes, ya que éste se adapta a los estados energéticos. En comparación con la infinitud del paisaje del Cap de Creus la medición puramente técnica del tiempo no tiene ningún tipo de valor ni de importancia. La idea de este cuadro le sobrevino a Dalí después de una cena: al contemplar los restos de un queso Camembert derretido proyectó aquellas formas blandas sobre el paisaje yermo que estaba pintando.

El gran masturbador
(1929)
Óleo sobre lienzo
110 x 150 cm
Museo Nacional Centro de
Arte Reina Sofía, Madrid

Cuando Gala vio el cuadro por primera vez exclamó: «¡Nadie podrá olvidar esta imagen después de haberla visto!». Esta obra se expuso por primera vez a principios de 1932 en la galería Julien Levy de Nueva York y representa el principio de la carrera de Dalí en Estados Unidos. *Los relojes blandos* se han convertido entretanto en un símbolo de Dalí y su obra. Este cuadro es una de las obras maestras del pintor, pero también una de las obras más representativas del siglo xx.

La persistencia de la memoria (también: Los relojes blandos) (1931)
Óleo sobre lienzo
24 x 33 cm
Museo de Arte Moderno, Nueva York

Disolución de la persistencia de la memoria (1952-1954)
Óleo sobre lienzo
25 x 33 cm
Museo Salvador Dalí, St. Petersburg (Florida)

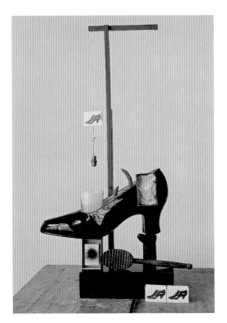

El objeto surrealista

Con el descubrimiento de lo super-real en lo real y su plasmación en los cuadros, Dalí o el mismo René Magritte estaban preparando el terreno para la «creación de objetos super-reales con una función simbólica», tal como decía el mismo Dalí. Marcel Duchamp les había indicado el camino con los llamados *ready-mades:* colocar objetos prefabricados de uso cotidiano, como por ejemplo una bicicleta, y declararlos motivos artísticos. Este tipo de objetos, contrariamente a las esculturas tradicionales, no permitían reconocer la huella personal del artista y escapaban a su intromisión estética. Los surrealistas, sin embargo, querían otorgar a

Objeto surrealista con efecto simbólico (1931)
Conjunción de distintos materiales
48 x 24 x 14 cm
Destruido
(Reconstrucción de 1974, colección particular)

Sobre un vaso de leche situado en el interior de un zapato femenino cuelga un trozo de un terrón de azúcar en el que hay pintado un zapato; otros elementos como pelos públicos y una foto erótica completan este *ready-made.* El mecanismo del conjunto permite que el azúcar caiga en la leche y se diluya la representación del zapato. Dalí tematiza aquí la diferencia entre objeto y representación.

Gala con el zapato – Zapato-sombrero de Elsa Schiaparelli (1936)

La diseñadora de moda francesa Elsa Schiaparelli diseñó este original sombrero según un modelo de Dalí. Sobre su debilidad por los zapatos el artista escribió: «El zapato es el objeto más cargado de realismo». En su función de sombrero Dalí liberó el zapato de esta fuerza realista.

sus colecciones de objetos cotidianos una función transportadora que sugiera de lo casual, del inconsciente, los sueños y la locura, y para ello adornaban sus obras con contenidos simbólicos adicionales. De este modo los objetos recibían una carga psicológica, erótica y metafórica, siendo considerados las creaciones más originales del movimiento.

Los primeros objetos surrealistas surgieron a finales del año 1931, cuando Breton y Dalí hacen un llamamiento a la creación de este tipo de obras para intensificar el trabajo del grupo. Al mismo tiempo Dalí publicó un artículo en el que analizaba los aspectos formales de la nueva forma artística. Los objetos con un significado simbólico no eran adecuados para la actividad mecánica, más bien se basaban en imágenes y fantasías que se manifestaban en actitudes inconscientes y que, especialmente en Dalí, eran de naturaleza erótica. Dalí se ima-

El esmoquin afrodisíaco (1936)
Chaqueta de esmoquin con vasos de licor y camisa sobre colgador
77 x 57 cm
Destruido

Según Dalí los vasitos debían contener licor de menta, al cual se atribuye un intenso efecto afrodisíaco. El esmoquin es especialmente adecuado para las salidas nocturnas, y para ponérselo hacía falta una máquina especial para evitar que los vasitos se volcaran.

Bustos de mujer retrospectivo
(1933)
Conjunción de diferentes materiales
54 x 45 x 35 cm
Colección particular

ginaba todos aquellos objetos cubriendo la totalidad de la tierra y minando las convenciones sociales con su inutilidad.

El objeto surrealista concedió un mayor alcance al concepto tradicional de escultura, dado que el artista podía trabajar sin tener en cuenta las reglas formales y seguir simplemente sus propias asociaciones. Aun cuando algunos de los objetos de Dalí causaban una fuerte impresión en el público, el número de trabajos verdaderamente valiosos desde un punto de vista artístico es muy reducido.

En los años posteriores Dalí escribió muchos artículos teóricos sobre los distintos géneros del objeto surrealista, y con *El esmoquin afrodisíaco* (1936) termina esta fase creativa del artista.

La locura de Dalí

«La única diferencia entre un loco y yo, es que yo no estoy loco.»

Salvador Dalí

La contribución más importante de Dalí al Surrealismo fue la creación de su «método paranoicocrítico», una interpretación sistemáticamente errónea de la realidad. Mediante un proceso de alucinación, al que Dalí había llegado inspirándose en los trabajos de Sigmund Freud sobre la interpretación de los sueños, el artista intentaba modificar su percepción de la realidad. Freud había descubierto que bajo el efecto de la hipnosis algunos pacientes eran capaces de recordar experiencias traumáticas reprimidas que si llegaban a hacerse conscientes podían contribuir a aliviar la enfermedad psíquica. El médico subrayaba en este sentido la importancia de los sueños y las asociaciones libres para sacar a la luz recuerdos y experiencias del inconsciente. Dalí dio un mayor alcance a la técnica artística de la libre asociación desarrollada por los surrealistas en tanto que plasmó en sus cuadros de una forma completamente consciente las imágenes oníricas que había visto. Este procedimiento no significaba una censura de las imágenes inconscientes, sino más bien su concreción en la pintura, cuyo resultado fueron las «fotografías hechas a mano», como las llamaba Dalí. Para ese trabajo se servía del «método paranoicocrítico», es decir, intentaba sistematizar y objetivar los elementos puramente subjetivos y personales del sueño, y durante el proceso creativo intentaba mantener el sueño en estado de vigilia. Mientras que el automatismo surrealista descubría una nueva realidad, Dalí investigaba y organizaba esta nueva realidad para llegarla a conocer. La pintura de 1929 *El juego lúgubre* es un ejemplo temprano del principio creativo de Dalí que le permitió entrar en el círculo de los surrealistas. La obra de arte tiene un carácter programático, ya que Dalí exigía que la pintura surrealista estuviera libre de tabúes morales. A pesar de que las ideas encajaban perfectamente con las tendencias del movimiento, Breton y otros miembros del grupo estaban horrorizados ante la representación de la

Retrato de Sigmund Freud (1937)
Tinta y guache sobre papel
35 x 25,5 cm
Fundació Gala-Salvador Dalí, Figueres

figura con los pantalones manchados de barro. En una detallada interpretación psicoanalítica del cuadro de 1929 George Bataille destaca cuatro elementos esenciales: la castración expresada por el descontento de la figura central; la exigencia del sujeto, representada por los elementos ascendentes de la mitad superior; el sujeto que rehúye la castración mediante un comportamiento repugnante, y que podemos ver representado en los pantalones manchados, y la elevación poética del comportamiento vergonzoso, personalizado en la figura de la izquierda del cuadro. Bataille interpretó esta obra como una expresión del complejo de culpa y de inferioridad de Dalí. Debido al esfuerzo de Dalí por objetivar y sistematizar, muchos de los elementos alucinatorios han recibido

El sueño (1931)
Óleo sobre lienzo
100 x 100 cm
Colección particular

El juego lúgubre
(1929)
Óleo y colage sobre cartón
44,4 x 30,3 cm
Colección particular

una interpretación simbólica: las hormigas representan la podredumbre; la mano masculina de dimensiones exageradas, la masturbación; los saltamontes son un símbolo del miedo que el pintor conserva de su infancia, y los pantalones manchados con excrementos simbolizan la vergüenza y las represiones sexuales. Los textos de Dalí contienen muchas referencias al significado de estos motivos que, sin embargo, nunca quedaron registrados por escrito, sino que con el paso del tiempo fueron redefinidos de otra forma. A pesar de las dificultades que André Breton tenía con la extravagante figura de Salvador Dalí, reconocía el mérito de la aportación del pintor al Surrealismo: «Con su "método paranoicocrítico" Dalí ha facilitado al movimiento un instrumento de primer rango que durante un determinado período fue posible aplicar a la pintura, la poesía, el cine, la escultura, la historia del arte, e incluso a cualquier forma de exégesis.» En la historia del arte moderno se ha reconocido siempre este mérito de forma unánime.

La ruptura con André Breton

A principios de los años treinta Dalí empezó a distanciarse cada vez más de los ideales políticos izquierdistas del Surrealismo. En 1933 pintó un retrato de Lenin que desencadenó una ardua polémica, y cuando finalmente plasmó una cruz gamada en un lienzo, se produjo el primer gran escándalo. Indignado ante esos cuadros, Breton propuso expulsar a Dalí del grupo de los surrealistas. El 5 de febrero de 1934 tuvo lugar un «proceso» en el que Dalí se defendió de una manera surrealista diciendo que tanto su Hitler como su Lenin provenían de sus sueños y que su interés por el dictador alemán era apolítico y de naturaleza puramente estética; era necesario boicotear cualquier tabú, en caso contrario pedía que Breton le proporcionara una lista de todos los temas que podía tratar.

Durante la reunión Dalí sostuvo un termómetro entre sus labios y fingía tener gripe. A medida que iba pronunciando su discurso se iba desvistiendo, hasta que con el torso desnudo pronunció su última frase: «Y si esta noche sueño que nosotros dos nos amamos, mañana por la mañana pintaré con todo detalle las posiciones más bellas en las que hemos realizado el coito.» Breton, cuya autoridad se vio seriamente minada por tales declaraciones, tuvo que abandonar sus reproches a Dalí, pero la ruptura provocada por ese escándalo significó el final de su amistad tanto en lo personal como en lo artístico.

René Magritte
No veo a la mujer escondida en el bosque (1929)
Montaje fotográfico para la revista
La revolución surrealista, núm. 12

De izquierda a derecha y en el sentido de las agujas del reloj: Maxime Alexandre, Louis Aragon, André Breton, Luis Buñuel, Jean Caupenne, Paul Éluard, Marcel Fourrier, René Magritte, Albert Valentin, André Thirion, Yves Tanguy, Georges Sadoul, Paul Nougé, Camille Goemans, Max Ernst y Salvador Dalí.

El enigma de Guillermo Tell
(1933)
Óleo sobre lienzo
201,5 x 346 cm
Moderna Museet,
Estocolmo

El retrato de
Guillermo Tell tiene
los rasgos de Lenin
y hace alusión a su
exilio en Suiza. La
nalga derecha de
Lenin-Tell se ha
convertido en una
protuberancia de
dimensiones tan
grandes que ha
tomado la forma de
un falo; debido a su
flaccidez debe ser
sostenido por una
muleta y es incluso
más largo que el
torso de la figura.
Dalí explicó en unas
anotaciones sobre
este cuadro que los
pedazos de carne
sobre la cabeza del
niño –en lugar de la
manzana– y la nalga
alargada expresan el
deseo caníbal del
padre de comerse al
hijo. Además de
expresar sus miedos
ante la impotencia, en
este cuadro el pintor
también representa
su miedo al padre,
con quien Dalí se
había enemistado
definitivamente por
el hecho de convivir
con una mujer
casada. Esto también
explica la situación
amenazante en la que
se encuentra Gala
en el cuadro: yace
diminuta dentro
de una cáscara de
nuez justo al lado
del pie enorme
de Guillermo Tell.
Breton estaba tan
escandalizado ante
esta representación
de Lenin que en una
exposición intentó
destrozar el cuadro.

El Cadillac lluvioso
(1938)

Este objeto fue creado
para la Exposición
Internacional del
Surrealismo que
se presentó en la
galería parisiense
de Beaux-Arts.

*«Había una censura determinada
por la razón, la estética y la moral,
y firmada por el gusto de Breton
o la pura arbitrariedad.»*

Salvador Dalí

Tiempos de guerra 1934–1939

La época que va de 1936 a 1939 está determinada por los acontecimientos políticos que se producen en Europa. Cuando en verano de 1936 estalla la Guerra Civil Española, Dalí se encuentra en Londres. A causa de las circunstancias políticas sólo puede volver en dos ocasiones más a su tierra natal antes de iniciar en 1940 su exilio en América, que duraría ocho años.

Los lienzos de esa época muestran una seguridad y una madurez estilísticas reconocidas tanto en Europa como en Estados Unidos. Antes de estallar la guerra Dalí pinta una serie de lienzos que preven la proximidad del conflicto bélico. Asimismo, otras obras de este período representan referencias concretas de la situación política del momento en Europa. Paralelamente surgen sus mejores anamorfosis: pinturas o dibujos en que la figura se ve deformada o correcta según el punto de vista y la imaginación del espectador.

Guerra Civil Española, 1936

Dalí, 1939

1934 Entrada de la antigua URSS en la Sociedad de la Naciones.

1935 Primer metro en Moscú.

1936 Inicio de la Guerra Civil Española que finalizó el 1939 con la victoria de Franco.

1937 El partido nazi presenta la exposición «Arte degenerado».

1939 Eugenio Pacelli se convierte en Papa con el nombre de Pío XIII. Inicio de la Segunda Guerra Mundial.

1936 *Construcción blanda con judías hervidas – Premonición de la guerra civil.* Participación en la exposición «Fantastic Art, Dada and Surrealismus» en el Museo de Arte Moderno, Nueva York.

1937 Dalí pinta *La metamorfosis de narciso* y publica la poesía que lleva el mismo nombre. Dalí y Gala huyen de la guerra hacia Italia.

1938 *El Cadillac lluvioso.* Gala y Dalí abandonan Italia a causa de la crisis de Múnich.

1939 Huida hacia Burdeos ante la movilización en Francia.

Izquierda:
Impresiones africanas
(detalle, 1938)
Óleo sobre lienzo
91,5 x 117,5 cm
Museo Boijmans Van Beuningen, Rotterdam

Derecha:
«Le Pervers Polimorf de Freud» (1939)
Conjunción de diferentes materiales sobre papel
48,7 x 36,3 cm
Fundació Gala-Salvador Dalí, Figueres

Metamorfosis de Narciso (1937)
Óleo sobre lienzo
50,8 x 78,3 cm
Tate Gallery, Londres

Dalí escribió para este cuadro una larga poesía en la que recreaba el mito de Narciso y hacía referencia al círculo orgánico de muerte, disolución y resurrección. Tanto en la posición como en la luz de los miembros puede observarse un claro parecido con el cuadro *Narciso*, de Caravaggio. En la obra de Dalí, sin embargo, la figura de Narciso no se refleja únicamente en la superficie del agua, sino también en la imagen doble de una mano huesuda.

Despedida de Port Lligat

En 1930 Dalí y Gala habían adquirido una pequeña casita de pescadores, que no tenía más de 16 metros cuadrados, en la bahía de Port Lligat. Con el dinero que obtenían mediante la venta de cuadros pudieron ir ampliando la casa hasta convertirla en una especie de laberinto con escaleras, estrechos corredores y rincones ocultos. Cada año volvían de París para pasar el verano en Port Lligat, donde Dalí podía trabajar en un completo aislamiento. La primavera de 1936 fue la última temporada en ese lugar que resultaba tan evocador para el artista.

Cuando en el mes de julio estalló la Guerra Civil Española los Dalí se encontraban en Londres, en casa de su amigo coleccionista Edward James. Poco tiempo más tarde, en París, tuvieron noticia del asesinato de Federico García Lorca, cuya muerte conmovió profundamente al pintor.

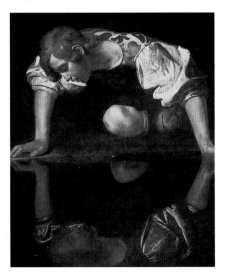

Caravaggio
Narciso (1596-1598)
Óleo sobre lienzo
75 x 68 cm
Galería Nacional de Arte Antiguo, Roma

Según el mito, Narciso rechazó el amor de la ninfa Echo, por lo que Afrodita le castigó haciendo que se enamorara de su propia imagen reflejada en un manantial. Para liberarlo de su tormento, la diosa lo convirtió en un narciso.

El sueño (1937)
Óleo sobre lienzo
51 x 78 cm
Particular

La cabeza sostenida por muletas que se apoyan en la nariz, los labios y las orejas da la impresión de estar suspendida sobre el suelo. La construcción garantiza un frágil equilibrio que hace posible el sueño, de otro modo según Dalí «caería en un espacio vacío y se despertaría bruscamente, lo cual le llenaría su corazón de un miedo paralizador».

La roca durmiente. Cap de Creus. La geología (1958)

La formación rocosa del Cap de Creus que inspiró *El sueño* de Dalí se la conoce como «la roca durmiente». En el cuadro la roca se ha separado del suelo simbolizando de este modo el miedo de Dalí ante la caída. El pintor no superó este miedo hasta los años cuarenta, época en que los motivos pictóricos ya están suspendidos en el espacio sin muletas.

Como hijo de clase media acomodada, Dalí no podía regresar a Cataluña, dominada por una clase trabajadora de ideales republicanos. Hasta 1940 no volvió a Port Lligat, y lo hizo para despedirse de su padre antes de emigrar con Gala a Estados Unidos tras una breve escala en Lisboa.

Hasta entonces Gala y Dalí habían vivido predominantemente en Italia, donde el pintor se dedicaba con intensidad al estudio del Renacimiento. Esto tendría una importante repercusión en su obra posterior, ya que durante esa época adquirió amplios conocimientos en materia de técnicas pictóricas tradicionales e historia del arte.

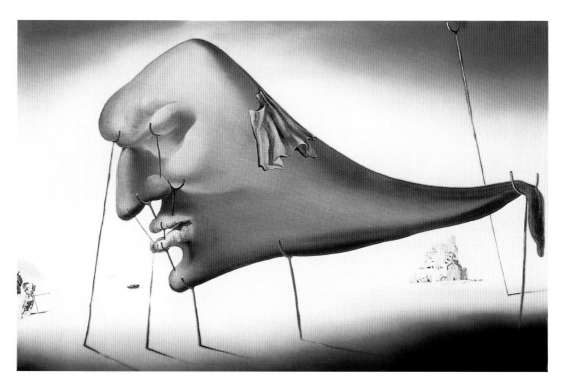

Influencias políticas

El 17 de julio de 1936 estalló la guerra civil en España con el golpe de estado del general Franco contra el gobierno republicano. La mayoría de los intelectuales europeos y americanos simpatizaban con los republicanos y algunos incluso luchaban en su bando. Dalí, sin embargo, se fue a Italia para preparar allí su próxima exposición que iba a tener lugar en Nueva York. Su actitud era ambivalente; por un lado decía simpatizar con los republicanos, pero cuando el ejército de Franco empezó a imponerse con claridad, cambió de bando para asegurarse su vuelta a España tras la guerra. Estaba convencido de que sólo en Port Lligat sería capaz de alcanzar cotas artísticas verdaderamente significativas. Con independencia de su posición política ante la guerra, Dalí pintó cuadros en los que se representaba el horror del conflicto bélico; otras obras de ese estilo son anteriores a la guerra.

La Segunda Guerra Mundial, cada vez más amenazante, se convirtió en tema de su pintura. Dalí se sintió fascinado por Hitler desde el momento en que éste se alzó con el poder, aunque siempre defendió que esa fasci-

El enigma de Hitler
(hacia 1938)
Óleo sobre lienzo
51,2 x 79,3 cm
Museo Nacional
Centro de Arte Reina
Sofía, Madrid

La sordidez del paisaje, el árbol talado y el auricular desmoronado con el cable cortado de este cuadro, surgido en la época de la Conferencia de Múnich, hacen pensar en los vanos esfuerzos por establecer la paz.

Construcción blanda con judías hervidas – Premonición de la guerra civil (1936)
Óleo sobre lienzo
100 x 99 cm
Colección de Louise y Walter Arensberg, Museo de Arte, Filadelfia

Dalí transforma el horror de la guerra inminente en metáforas que expresan el deseo de asesinar y mutilar. Dos cuerpos humanos gigantes pero incompletos tiran violentamente el uno del otro estrangulándose a sí mismos. Las judías hervidas son los únicos restos de comida visibles en el paisaje petrificado. Las judías eran utilizadas en la Antigüedad como ofrenda para apaciguar a los dioses y los malos espíritus; eran comida de vigilia y símbolo del hambre y la guerra. Dalí subrayó a menudo que había pintado este cuadro seis meses antes de que estallara la guerra civil en España. A pesar de que representa una determinada actitud frente a una situación política concreta, este cuadro fue concebido como una denuncia intemporal.

nación no era de naturaleza política. En muchos cuadros de la época anterior a la guerra se puede ver un teléfono suspendido sobre el paisaje que hace referencia a las negociaciones llevadas a cabo telefónicamente por el primer ministro inglés Chamberlain y Hitler, simbolizando de ese modo la atmósfera política que se respiraba antes de la gran guerra.

«La Guerra Civil Española no modificó ninguna de mis ideas. Al contrario, favoreció su riguroso desarrollo. La repugnancia y la aversión que me suscitaba cualquier tipo de revolución llegaron a tener rasgos patológicos.»

Salvador Dalí

España (1938)
Óleo sobre lienzo
91,8 x 60,2 cm
Museo Boijmans Van Beuningen, Rotterdam

La España atormentada por la guerra civil aparece representada en esta anamorfosis de una forma alegórica mediante una figura femenina cuya cabeza y pecho se convierten en figuras y jinetes que luchan en una matanza tumultuosa. Dalí refleja aquí los dibujos de Leonardo da Vinci sobre la batalla de Anghiari (1505), en la que Florencia triunfó sobre Pisa.

Las anamorfosis

El «método paranoico-crítico» consistía sobre todo en descubrir, mediante la alucinación, nuevos significados en las imágenes y los objetos existentes para hacerlos visibles en el arte. Para Dalí, por lo tanto, la paranoia no designaba un estado de enfermedad, sino que más bien la utilizaba como potencial creativo.

Su método, sin embargo, no se podía considerar absolutamente nuevo: otros artistas anteriores se habían inspirado en determinadas formas irregulares como las de las nubes, las manchas o las piedras y habían intentado descubrir en ellas las figuras más variadas. Esa percepción distorsionada de la realidad determina la polisemia de las anamorfosis, entre las cuales destaca el famoso cuadro *El enigma sin fin* de 1938. El paisaje del Cap de Creus representado en esta obra resulta a primera vista curioso, pero tras una observación atenta se pueden llegar a realizar hasta seis lecturas diferentes de la composición. Dalí consigue dotar al motivo de significados diferentes sin recurrir al extrañamiento: que el espectador reconozca un paisaje, un hombre tumbado o un galgo depende más bien de si es capaz de combinar determinadas líneas y sombras o diferentes elementos del cuadro de una nueva forma, o de si puede concentrar la mirada en una zona determinada al tiempo que desestima otras. Dalí plasmó las diferentes lecturas de su cuadro en diferentes dibujos: 1. Playa de Cap de Creus con mujer sentada remendando una vela vista desde atrás y barca. 2. Filósofo tumbado. 3. Rostro del gran cíclope estúpido. 4. Galgo. 5. Mandolina, frutero con peras, dos higos sobre una mesa. 6. Bestia mitológica. La anamorfosis apela a la fantasía del receptor y hace imposible una visión contemplativa del cuadro: dado que ninguna de las figuras sobresale más que las otras, el espectador se ve sometido a un cambio continuo e inquieto de perspectivas. La «actividad paranoicocrítica» de Dalí no intenta ofrecer una descripción equilibrada de la realidad sino que pretende enriquecer lo representado con asociaciones mediante la ilusión. Sin embargo, a diferencia del método surrealista del automatismo, que requiere una asociación libre y espontánea, en las anamorfosis de Dalí se pueden interpretar de una forma «paranoicocrítica» percepciones ya existentes, ilusiones ópticas e imágenes.

Visión de una escena bélica en el rostro del teniente Deschanel (portada de la revista *Match*) (1939)
Carbón y tinta
35,6 x 27,1 cm
Particular

Cisnes reflejan elefantes (1937)
Óleo sobre lienzo
51 x 77 cm
Cavalieri Holding Co. Inc., Ginebra

Dibujos de Salvador Dalí para el catálogo de la exposición en la Galería Julien Levy, Nueva York
(1939)

Arriba:
Rostro del gran cíclope estúpido; bestia mitológica.

Abajo:
Mandolina, frutero con peras, dos higos sobre una mesa; filósofo tumbado.

El enigma infinito
(1938)
Óleo sobre lienzo
114,3 144 cm
Museo Nacional Centro de Arte Reina Sofía, Madrid

Éxito internacional

En mayo de 1936 se celebró la Exposición Internacional del Surrealismo en Londres, que albergaba algunas obras de Dalí. Este mismo año el pintor estuvo representado en la exhibición «Fantastic Art, Dada and Surrealismus» del Museo de Arte Moderno de Nueva York, lo cual contribuyó a aumentar su popularidad en Estados Unidos. La trascendencia de la participación de Dalí en esta legendaria exposición se pone de manifiesto en la foto que Man Ray hizo del pintor y que se publicó en la portada del *Time Magazine*, donde se afirmaba que sin Dalí el Surrealismo nunca habría podido alcanzar un éxito semejante en el país norteamericano.

La excelente acogida que el público estadounidense dispensó al artista representaba naturalmente un gran éxito, sobre todo teniendo en cuenta que en su anterior visita a Nueva York en 1934 Gala y Dalí protagonizaron un importante escándalo. En aquella ocasión Gala asistió a

Arriba:
Gala y Dalí en Nueva York (1934)

Izquierda:
Rostro de Mae West (puede ser utilizado como apartamento surrealista)
(1934-1935)
Guache sobre papel de periódico
31 x 17 cm
Art Institut of Chicago, Chicago

Derecha:
Venus de Milo con cajones (1936)
Bronce con recubrimiento de yeso y brocha
98 x 32,5 x 34 cm
Museo Boijmans Van Beuningen, Rotterdam

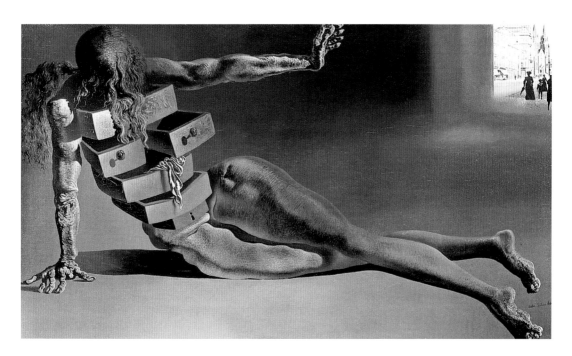

un baile de disfraces, al que había sido invitada, con un muñeco en la cabeza en cuya frente podía verse una herida repleta de hormigas. La prensa interpretó que el muñeco era una clara alusión a un suceso acaecido recientemente en Estados Unidos: el secuestro y posterior asesinato del bebé Lindbergh. La indignación fue general, ya que los americanos compartían intensamente el dolor del padre, el héroe nacional Charles Lindbergh, quien en 1927 había cruzado el Atlántico en el primer vuelo en solitario de la historia. A pesar de que Dalí negó una y otra vez tal alusión, la prensa no dejó de acosarle, incluso en Europa. Finalmente, Gala y Dalí tuvieron que recluirse en Port Lligat para encontrar la paz.

Después de su segunda visita a Nueva York en diciembre de 1936, Dalí pudo firmar un contrato con su amigo y mecenas Edward James, un inglés adinerado, que le garantizaba unos ingresos regulares. Esta seguridad económica propició una etapa especialmente próspera desde el punto de vista creativo, ya que ahora el pintor podía trabajar sin tener que pensar en negociaciones con galeristas o coleccionistas. Debido a que la guerra civil en España impedía la vuelta a Port Lligat, los Dalí se vieron obligados a vivir en hoteles en París e Italia, libres, sin embargo, de problemas económicos. Numerosas exposiciones y elogiosas críticas daban testimonio de que el pintor había alcanzado la cima de su éxito internacional.

Armario antropomorfo con cajones (1936)
Óleo sobre tabla
25,4 x 44,2 cm
Kunstsammlung Nordrhein-Westfalen, Düsseldorf

Los cuerpos con cajones entreabiertos fueron utilizados por Dalí en muchos cuadros y objetos, y representaban para el pintor símbolos del recuerdo y del inconsciente. Al mismo tiempo aluden al llamado «pensamiento encajonado», un concepto que Dalí extrajo de la lectura de Freud.

En el exilio

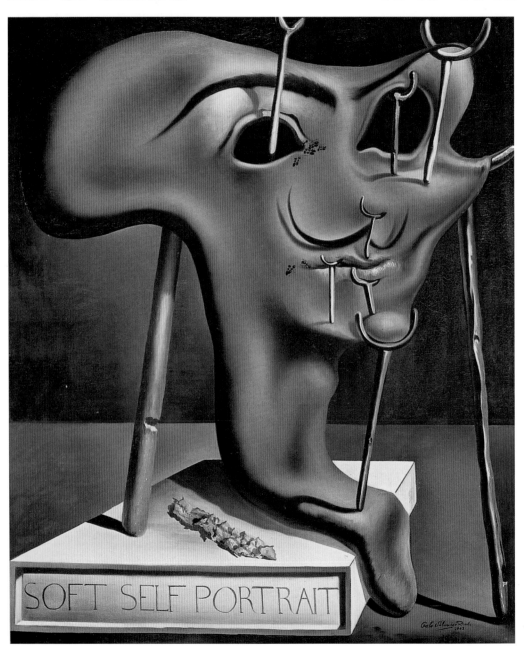

Durante los ocho años que dura su exilio, la producción pictórica de Dalí es inferior a la de su época iniciada tras el encuentro con Gala. Escribe su primera autobiografía, *La vida secreta de Salvador Dalí*, y se dedica a realizar trabajos por encargo: surgen numerosas ilustraciones de libros, decorados, diseños de vestuario y decoraciones de escaparates. Diseña joyas y trabaja en publicidad, así como para diversas publicaciones periódicas de renombre. Durante el exilio también se observa en Dalí una recuperación de la fe católica y una vuelta al clasicismo. En su autobiografía apunta: «Hasta este momento aún no he hallado la fe y me temo que moriré sin cielo.» Dalí ilustra estas palabras con un dibujo en el que se ve una iglesia renacentista y una figura sosteniendo una cruz con la mano izquierda y levantándola hacia el cielo, como si esperase recibir una sugerencia o señal de Dios.

Einstein se exilia en EE.UU., 1940

1940 Sergei Prokofiev compone *Romeo y Julieta*.

1942 Max Ernst pinta *El surrealismo y la pintura*.

1945 Lanzamiento sobre Hiroshima de la primera bomba atómica; fin de la Segunda Guerra Mundial.

1947 Milton Reynolds da la vuelta al mundo por aire en 79 horas.

1948 La ONU aprueba la *Declaración Universal de los Derechos Humanos*.

Dalí en Venecia, 1948

1940 Dalí y Gala huyen de la Segunda Guerra Mundial a EE.UU.

1941 Retrospectiva de la obra de Joan Miró y de Dalí en el Museo de Arte Moderno de Nueva York.

1942 Dalí publica *La vida secreta de Salvador Dalí*.

1944 Se publica su novela *Hidden Faces*. Se estrena el ballet *Bacchanal*.

1945 Profundamente impresionado por el lanzamiento de las bombas atómicas sobre Hiroshima y Nagasaki, Dalí se dedica intensamente a la física nuclear.

1946 *La tentación de San Antonio*.

1948 Los Dalí regresan a Europa.

Izquierda:
Autorretrato blando con beicon asado (1941)
Óleo sobre lienzo
61 x 51 cm
Fundació Gala-Salvador Dalí, Figueres

Derecha:
Dalí y Gala en el hotel St. Regis de Nueva York (1947)

El ojo del tiempo
(1949)
Platino, rubí,
diamantes, reloj
4 x 6 x 1,7 cm
Fundació Gala-Salvador Dalí, Figueres

Labios de rubí
(1950)
Oro, rubíes y perlas
3,2 x 4,8 x 1,5 cm
Fundació Gala-Salvador Dalí, Figueres

Avida Dollars

Las obras de carácter comercial que Dalí pintó durante su exilio en Norteamérica llevaron a André Breton a crear el anagrama «Avida Dollars» a partir del nombre del pintor, que viene a significar «ansioso de dólares». Sin embargo, Dalí se sentía muy orgulloso de la gran cantidad de dinero que había ganado hasta entonces en EE.UU.

En colaboración con el duque de Verdura, amigo del diseñador de moda Coco Chanel, el artista creó varias joyas, que juegan con los motivos centrales del lenguaje conceptual y formal daliniano. Entre sus encargos también se incluían numerosos retratos de personalidades de las altas esferas sociales. El estilo pictórico de Dalí, que era capaz de captar un rostro con un realismo de precisión fotográfica y de trasponerlo a la vez a un mundo surrealista imaginario, estaba muy de moda entre la alta sociedad norteamericana. Además de Jack Warner, copropietario de la productora cinematográfica Warner Brothers, y

Noche en un bosque surrealista, banquete a beneficio de los artistas exiliados
(1941)

Para la decoración se emplearon dos mil abetos, cuatro mil sacos de yute y 24 cuerpos de animales.

de otras celebridades, Helena Rubinstein fue otro de los personajes que se dejó retratar por el artista.

Como habían hecho con anterioridad en París, los Dalí llevaron en Estados Unidos una vida social muy pródiga y complaciente; eran considerados personalidades destacadas. En 1941 organizaron en el hotel Del Monte de Peble Beach (California)

un banquete a beneficio de los artistas exiliados y la afluencia de invitados fue tan grande que apenas pudieron acogerlos. Entre la concurrencia se encontraban personalidades como Alfred Hitchcock, Bing Crosby, Ginger Rogers o Clark Gable. Los costosos preparativos que precedieron a la fiesta, así como la decoración estrafalaria e imaginativa, acabaron finalmente en un desastre económico: en lugar de obtener beneficios, tal y como se esperaba en un principio, el hotel tuvo que costear algunas deudas. A Dalí, sin embargo, este evento le sirvió de campaña publicitaria.

El éxito artístico que el pintor logró en Estados Unidos se evidencia en una retrospectiva de la obra de Miró y Dalí llevada a cabo el año 1941 en el Museo de Arte Moderno de Nueva York, que atrajo un buen número de visitantes y recibió una magnífica acogida por parte de la prensa. El hecho de exponer en aquella conocida institución, líder en la época en el ámbito del arte contemporáneo, supuso un hito en la carrera de Dalí, cuando apenas había cumplido 37 años.

Además, el artista aprovechó su primer año en EE.UU. para terminar su autobiografía, *La vida secreta de Salvador Dalí*. El libro surgió en Virginia, en casa de su amiga y mecenas Caresse Crosby. En aquella misma época también entabló amistad con el escritor Henry Miller, quien estaba trabajando en su novela *Trópico de Capricornio*, y su amante Anaïs Nin.

En 1942 se publicó finalmente *La vida secreta de Salvador Dalí*. El libro fue atacado ferozmente por la crítica ya que no se ajustaba al concepto clásico de autobiografía. Debía entenderse más bien como parte de la autoescenificación del artista, en la que era imposible disociar vida y obra. Por este motivo, su infancia y su juventud no aparecen reflejadas desde un punto de vista riguroso, sino que aparecen como episodios de libre creación, un hecho lógicamente atribuible a los problemas psíquicos de Dalí y a la deteriorada relación con su familia.

Esbozo de interpretación para una biblioteca de caballerizas
(1942)
Conjunción de diferentes materiales sobre papel
51 x 40,6 cm
Fundació Gala-Salvador Dalí, Figueres

Como se puede ver en el cuadro, Dalí introdujo de manera plenamente consciente elementos *kitsch*.

Dalí y el cine

«Quería evitar cualquier tipo de cliché... Dalí era, a mi parecer, el más adecuado para diseñar las secuencias oníricas... por eso escogí a Dalí.»

Alfred Hitchcock

Salvador Dalí y Alfred Hitchcock trabajando en las escenas oníricas de *Recuerda* (1945)

Dalí junto a Gregory Peck e Ingrid Bergman, actores protagonistas de *Recuerda* (1945)

El ojo (esbozo para *Recuerda*) (1945)
Óleo sobre tabla
Medidas desconocidas
Particular

Salvador Dalí ya había acumulado experiencia en el medio cinematográfico tras colaborar el año1929 con Luis Buñuel en *El perro andaluz*. Tras el gran éxito de su primera obra conjunta, Dalí y Buñuel prepararon otro proyecto, la película *La edad de oro* (L'Âge d'Or).
Durante los preparativos, sin embargo, se puso de manifiesto que las expectativas de uno y otro sobre el guión diferían notablemente y Dalí abandonó el proyecto.
A pesar de que posteriormente Buñuel intentó restar importancia en sus memorias al papel desempañado por Dalí en el desarrollo de la película, la correspondencia y las modificaciones manuscritas sobre el guión prueban que Dalí también había contribuido en la concepción de un gran número de ideas y secuencias esenciales.
El estreno, al que asistieron los intelectuales más destacados de la sociedad parisina, tuvo lugar el 22 de octubre de 1930 y contó con la presencia de Buñuel y Dalí. En comparación con *Un perro andaluz*, los críticos mostraron un entusiasmo

menor. Algunas semanas más tarde se produjo un escándalo durante una proyección. Alborotadores de extrema derecha se introdujeron violentamente en el cine, amenazaron a los asistentes y destruyeron el vestíbulo, donde se exponían libros, revistas y cuadros surrealistas.
La noticia de este suceso se difundió rápidamente y fue motivo de polémica en la prensa. De repente Buñuel y Dalí estaban en boca de todos. Al final, los detractores de la película acabaron ganado la batalla y en diciembre de 1930 fue prohibida por la censura.
Durante su exilio en EE.UU., Gala y Dalí quedaron fascinados por Hollywood, la gran capital del cine.

En enero de 1937 visitaron por primera vez la costa oeste norteamericana, donde Dalí encontró a Harpo Marx, para quien había creado poco antes un objeto superrealista: un arpa con cuerdas de alambre de púas. Harpo se había tomado la revancha con una fotografía en la que aparece con los dedos atados a este arpa. Su primer encuentro fue tan satisfactorio, que llevó a Dalí a dedicar a Harpo un proyecto de guión, que, no obstante, nunca se filmó. La existencia de un guión escrito por Dalí titulado *La mujer surrealista*, que nunca llegó a la pantalla, prueba asimismo su persistente interés por el cine.

En 1945 Dalí aceptó un encargo para la película de Alfred Hitchcock *Spellbound* (*Recuerda*). En este filme Ingrid Bergman, en el papel de la psiquiatra Constance Peterson, se enamora de un paciente, interpretado por Gregory Peck, que ha perdido la memoria y cree haber cometido un asesinato. Ella lo protege del acoso de la policía y, al final, acaba recuperando su memoria gracias al psicoanálisis. El encargo de Dalí consistía en ilustrar los sueños del paciente que debían contener alusiones a su identidad, así como también indicios de un eventual asesinato. David Selznick, el productor, creyó que Hitchcock había encomendado el trabajo a Dalí por la publicidad que eso les supondría.

Esbozo para la película de Disney, *Destino* (1946-1947) Técnica y medidas desconocidas Extraviado

Sin embargo, el director quería que Dalí se comprometiera a desarrollar una secuencia onírica que fuese diseñada con nitidez y precisión, y no de manera confusa y borrosa, como se había venido haciendo en el cine hasta aquel momento. Las secuencias de Dalí se utilizaron, si bien parcialmente recortadas y retocadas. A cambio de su contribución, el pintor recibió 4.000 dólares, unos honorarios altísimos en aquellos tiempos. En 1946 Dalí trabajó para Walt Disney en la película

Destino, en la que se combinarían personajes de carne y hueso y accesorios reales con figuras y bastidores de dibujos animados. Una joven y Crono, el dios del tiempo, engendran monstruos que finalmente se hunden bajo el agua de los tiempos

primitivos. Dalí explicó que había incorporado en sus diseños la totalidad de su repertorio de objetos y alucinaciones superrealistas y que la película podía introducir mejor al público en el mundo del surrealismo que la pintura y la literatura. Tres meses después de haber empezado la película, Disney suspendió el proyecto debido a las escasas perspectivas de éxito comercial. Sólo apareció una secuencia de diez segundos en la que dos tortugas con cabezas sobre la espalda avanzan la una hacia la otra y entre ellas se ve a una bailarina. A pesar de que el proyecto no se llevó a cabo, Disney valoró el hecho de haber colaborado con Dalí como una experiencia muy productiva y ambos mantuvieron una larga y buena amistad.

La escena del baile de la película *Recuerda*, **que, aun habiéndose representado de acuerdo con los esbozos de Dalí, fue recortada** (1945)

Los surrealistas conquistan Nueva York

Muchos de los antiguos miembros del grupo surrealista parisino, entre los cuales destacan André Breton, Max Ernst, Marcel Duchamp e Yves Tanguy, también habían emigrado y residían en Nueva York. Sin embargo, mientras que Dalí ya hacía años que era conocido y famoso en Estados Unidos, a sus colegas les costó entrar en la escena artística norteamericana, sobre todo a Breton, quien tuvo grandes dificultades para adaptarse a la vida de exilio, principalmente porque se resistió a redactar sus textos en otra lengua que no fuese el francés. Dalí, en cambio, a pesar de que no hablaba un buen inglés y tenía un fuerte acento español, se hacía entender sin problemas.

Sueño causado por el vuelo de una abeja alrededor de una granada, un segundo antes del despertar (1944)
Óleo sobre lienzo
51 x 40,5 cm
Fundación Thyssen-Bornemisza, Lugano-Satagnola

La mujer suspendida en el aire y las delgadas patas de elefante tematizan por primera vez en la obra de Dalí el fenómeno de la levitación.

Max Ernst
La tentación de San Antonio (1945)
Óleo sobre lienzo
108 x 128 cm
Museo Wilhelm-Lehmbruck, Duisburgo

Mientras que en EE.UU. era considerado el primer representante del surrealismo europeo, Dalí era rechazado por la mayoría de los miembros del grupo debido a sus apariciones públicas de marcado carácter promocional y al mercantilismo de sus obras. Breton resumía su opinión al respecto, compartida por la mayoría, con estas palabras: «Dalí ya tan sólo escucha el rechinar de sus zapatos de charol.»

Las frecuentes estancias de los Dalí en Pebble Beach, California, lugar que habían elegido como segunda residencia, también contribuyeron en gran parte a distanciarse de sus viejos amigos, quienes en su mayoría vivían en Nueva York. Del mismo modo que en Europa los Dalí se encontraban siempre a caballo entre París y Port Lligat, en EE.UU. se trasladaban en verano a la costa oeste, cuyas formaciones geológicas recordaban a Dalí su patria.

El alejamiento de Dalí de los ideales surrealistas también se hacía patente en sus trabajos. En su búsqueda de nuevos caminos artísticos surgieron pinturas como *Sueño ocasionado por el vuelo de una abeja* y *La tentación de San Antonio*, que fueron características de la época de transición entre el período surrealista y su «misticismo nuclear». En estas obras los motivos pictóricos suspendidos en el aire y la eliminación de la gravedad ya indicaban un giro hacia temáticas científicas, tan predominantes en las obras posteriores a su regreso del exilio.

La tentación de San Antonio (1946)
Óleo sobre lienzo
89,7 x 119,5 cm
Museos Reales de Bellas Artes de Bélgica, Bruselas

La versión de Dalí de la tentación de San Antonio surge a raíz de un concurso. El productor norteamericano Albert Levin, quien quería rodar una película basada en la novela *Bel Ami*, de Guy de Maupassant, había organizado un concurso entre los artistas surrealistas para crear un cartel. En el concurso también participaron, además de Dalí, Max Ernst, Leonora Carrington, Dorothea Tanning y Paul Delvaux. El jurado que debía conceder el premio estuvo compuesto por Marcel Duchamp, Alfred H. Barr Jr. y Sidney Janis.

Finalmente el premio fue adjudicado a Max Ernst. En el cuadro de Dalí, el caballo encabritado ante el símbolo de la cruz debe interpretarse como una alegoría de la fuerza y la lujuria. Los elefantes llevan atributos sexuales en forma de mujer desnuda y de obeliscos fálicos.

Dalí en escena

En 1934 Dalí ya había intentado elaborar un proyecto teatral junto con Lorca. Pero hasta 1939 el artista no pudo hacer realidad esta idea en forma de un ballet titulado *Bacchanal*, cuando el marqués de Cuevas, casado con una rica heredera de Rockefeller y mecenas del famoso Ballet Ruso, se mostró dispuesto a financiar el proyecto.

La representación sería coreografiada por Léonide Massine con música de Richard Wagner. El protagonista de la pieza era Luis II, Rey de Baviera, quien mataba un dragón con la espada de Lohengrin. En la escenografía Dalí mezcló los elementos de las óperas de Wagner junto con el antiguo mito de Leda y el cisne. Los vestuarios fueron realizados por el diseñador de moda Coco Chanel. Cuando al estallar la guerra el Ballet Ruso huyó a EE.UU., Coco Chanel todavía no tenía terminado el vestuario. Finalmente, poco antes del estreno, una encargada de vestuario neoyorquina

La ópera de Richard Strauss, *Salomé*, **representada en la Royal Opera House, Covent Garden** (Londres, 1949)

La foto muestra a Salomé (Ljuba Welitsch) y Herodes (Franz Lechleichner) ante un decorado y con un vestuario diseñados por Dalí.

Modelo de un decorado para *Laberinto* (1941) Óleo sobre lienzo 39 x 64 cm Particular, España

El busto de este joven con la cabeza agachada representa la entrada al laberinto del Minotauro. Al fondo puede reconocerse la silueta de la *Isla de los muertos*, extraída del cuadro de Arnold Böcklin del mismo nombre.

tuvo que improvisarlo siguiendo las fotos que había recibido de Francia. El estreno del espectáculo fue un fracaso, debido en gran parte al atrevimiento de los trajes, que hicieron aparecer en escena a algunos bailarines casi desnudos.

Para otro ballet titulado *Laberinto*, que también estuvo financiado por el marqués de Cuevas, Dalí no sólo tuvo que diseñar la escenografía y el vestuario, sino que también escribió el libreto. De nuevo trabajó junto a la coreógrafa Léonide Massine. La música que sirvió de base a la representación, cuyo contenido versaba sobre el mito de Minotauro, fue la séptima sinfonía de Schubert. Teseo, el héroe de la acción, recibe el encargo de dar muerte al Minotauro, un monstruo con cabeza de toro y cuerpo de hombre que vive en un laberinto. El estreno de *Laberinto* en octubre de 1941 en Nueva York recibió entusiastas críticas.

En octubre de 1944 Dalí diseñó la decoración para el ballet *Coloquio sentimental,* basado en un poema

del poeta francés Paul Verlaine. Paul Bowles, quien posteriormente alcanzaría fama mundial como escritor, compuso la música sin haberse familiarizado con las ideas de Dalí y en el ensayo con vestuario quedó horrorizado. A pesar de que el marqués de Cuevas le había prometido que el ballet renunciaría a las usuales extravagancias del pintor, el decorado mostraba todo el repertorio de símbolos surrealistas oníricos del artista. Como consecuencia, la representación de la obra de Bowles estuvo acompañada desde el principio hasta el final por los silbidos del público.

Dalí concedía poca importancia al éxito o al fracaso de las representaciones. El artista había hallado en la frecuente colaboración con el marqués de Cuevas una oportunidad ideal para desplegar su potencial creativo y, al mismo tiempo, para ganar dinero de forma relativamente rápida. El hecho de que una pieza cosechase éxitos o fracasos no era lo más importante, puesto que las escenografías de Dalí garantizaban en cualquier caso mucha publicidad.

Escena del ballet *Bacchanal*, a cargo del Ballet Ruso (Metropolitan Opera Haus) (noviembre de 1939)

En *Bacchanal* los bailarines salían a escena a través de una apertura situada en el pecho de un cisne sobredimensional con las alas extendidas.

La poesía de América

Con el estallido de la Segunda Guerra Mundial empeoró la situación en el mercado artístico internacional y las obras de Dalí sufrieron un descenso de ventas. Muchos amigos y coleccionistas de Europa tenían problemas para acceder a su capital. Sin encargos de cuadros ni retratos los Dalí se encontrarían de nuevo con estrecheces económicas. Su inestable situación cambió en 1943 al conocer a Reynold y Eleanor Morse. El empresario norteamericano y su mujer ya poseían algunas obras de arte surrealistas y conocían los trabajos de Dalí a través de un amigo. Su entusiasmo por la obra del artista tuvo como resultado la construc-

La poesía de América
(1943)
Óleo sobre lienzo
116 x 79 cm
Fundació Gala-Salvador Dalí, Figueres

Con la botella de Coca-Cola que cuelga entre las dos figuras, Dalí insiere en su cuadro un producto de consumo que se ha transformado en un símbolo del poder económico de EE.UU. Los mitos de la sociedad americana se convertirán en los años sesenta en un tema central del Pop Art.

Alegoría de las Navidades americanas (1943)
Óleo y guache sobre cartón
40,5 x 30,5 cm
Particular

Este cuadro ilustró la edición de Navidad de la revista *Esquire*. Sobre un paisaje cubierto de nieve un avión se libera –como el insecto del capullo– de un huevo enorme, que simboliza la Navidad. El perfil del agujero a través del cual escapa el avión, corresponde a la silueta de Norteamérica.

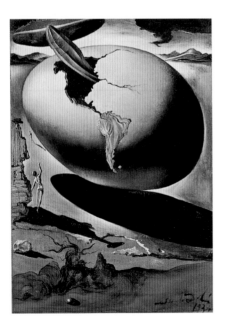

ción de una extensa colección, que en la actualidad constituye la base del Museo Salvador Dalí de San Petersburg, en Florida. Las frecuentes adquisiciones de los Morse hicieron posible que Dalí se dedicara a su trabajo creativo libre de toda preocupación económica.

Asimismo, en los cuadros que Dalí pintó durante su exilio en Norteamérica también hallamos los lejanos paisajes de su Cataluña natal y las rocas de Cadaqués. Con todo, en algunas pinturas también aparecen elementos alusivos a los mitos y problemas de la sociedad norteamericana. *La poesía de América* se ha interpretado como una denuncia del racismo de los blancos ante la población negra. Según esta interpretación, el rival del jugador de fútbol blanco alumbra un nuevo hombre, quien mantiene en equilibrio un huevo a modo de alegoría de un nuevo orden. El huevo simboliza en la iconografía cristiana la resurrección de Cristo, así como la pureza y la perfección. Según Dalí este cuadro corresponde a las pinturas que advierten de la gran guerra. Por ello, debe entenderse de acuerdo con la temática de las obras que pintó en la época de la Guerra Civil Española, que contienen asimismo alusiones a problemas políticos y a violentos conflictos (páginas 40-41).

Idilio atómico y uránico melancólico
(1945)
Óleo sobre lienzo
65 x 85 cm
Museo Nacional, Centro de Arte Reina Sofía, Madrid

Dalí estaba tan profundamente impresionado por el lanzamiento de la bomba atómica sobre Hiroshima que no tardó en reflejar este tema en uno de sus cuadros. Para ello, recurrió aún a su repertorio de motivos del período surrealista. Destacan la cabeza en primer plano, un reloj blando, roído por las hormigas, y la figura del joven, elementos que remiten a los trabajos de Dalí de los años treinta. Al mismo tiempo pueden reconocerse los elementos pictóricos típicos del período americano como, por ejemplo, los jugadores de fútbol y de béisbol o el reloj de bolsillo, cuya forma recuerda el perfil de Sudamérica. El cuadro evidencia el interés creciente de Dalí por las ciencias naturales y marca el inicio de su intensivo tratamiento de los más recientes descubrimientos de la teoría atómica.

Mística nuclear

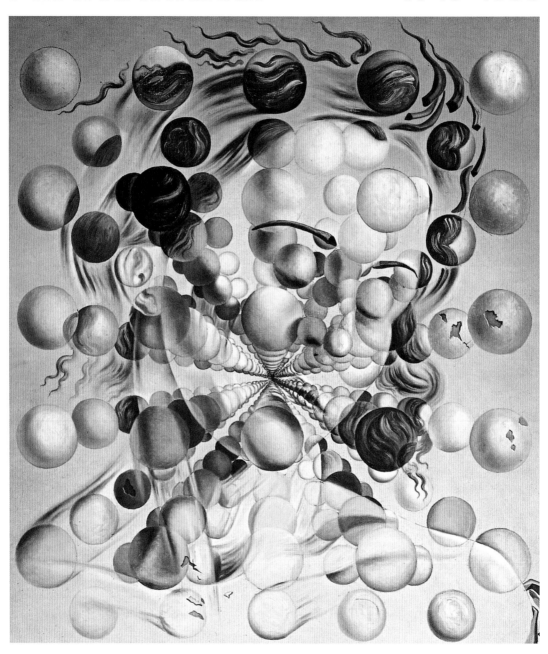

En julio de 1948 Gala y Dalí regresan a Europa tras haber vivido ocho años en EE.UU. A partir de ese momento pasarían los veranos en Port Lligat, los otoños en París y los inviernos en Nueva York. En las obras de Dalí de esta fase se perfilan dos ejes temáticos básicos. Por un lado, el artista se dedica intensamente a los fenómenos científicos y a la teoría atómica, y acuña en este contexto el concepto de «pintura atómica» o «nuclear»; por otro lado, surgen cuadros sobre argumentos religiosos clásicos como la *Madona de Port Lligat*. Tras haberse apuntado ya a principios de los años cuarenta un giro hacia el catolicismo, el pintor retoma aún más intensamente sus raíces religiosas y estudia a los místicos españoles. En 1949 se le concede una audiencia privada ante el Papa, en la que muestra al pontífice la *Madona de Port Lligat*.

Jeanne Moreau y Miles Davis, 1957

1953 F. Crick y J. Watson precisan la estructura del ADN.

1954 Muere Henri Matisse. Se pone en funcionamiento la primera central nuclear rusa.

1957 En EE.UU. se promulga la ley de defensa del derecho de voto para la población negra (*Civil Bill of Rights*).

1958 Charles H. Towens y Arthur L. Schalow inventan el láser.

Dalí en Nueva York, años cincuenta

1949 *La Madona de Port Lligat*. Inicio de la pintura religiosa, que fusiona elementos místicos y científicos.

1954 *El Cristo de San Juan de la Cruz*. Aparece el *Manifiesto místico*.

1955 Aparecen las ilustraciones para el *Don Quijote* de Cervantes.

1958 Gala y Dalí contraen matrimonio religioso. En el curso de una audiencia, Dalí muestra al Papa su *Madona de Port Lligat*.

Izquierda:
Galatea de las esferas (detalle, 1952)
Óleo sobre lienzo
65 x 54 cm
Fundació Gala-Salvador Dalí, Figueres

Derecha:
Corazón real (1953)
Oro, rubíes, diamantes, perlas y esmeraldas
Altura 10 cm
Museo de Arte Minami, Tokio

El Cristo de San Juan de la Cruz (El Cristo de Port Lligat) (1951)
Óleo sobre tela
205 x 116 cm
Galería de Arte Glasgow, Glasgow

Mientras que el pintor Mathias Grünewald plasma en su crucifixión, de principios del siglo XVI, todos los detalles del atormentador procedimiento y hace evidentes a los ojos del espectador el sufrimiento de Jesús representando sus heridas, Dalí muestra el cuerpo del crucificado intachablemente limpio y robusto. «Quiero que mi próximo Cristo sea la imagen más bella y alegre de todos los que se han pintado hasta ahora. El Cristo que quiero pintar es completamente contrario al Cristo materialista y antimístico de Grünewald.»

Mathias Grünewald
Cristo en la cruz
Retablo de Isenheim, con las tablas laterales cerradas (1513-1515)
Resina al temple sobre madera
269 x 307 cm
Museo Unterlinden, Colmar

dibujo, que habría pintado San Juan de la Cruz, en el que se puede ver a Cristo desde una inusual perspectiva. Dalí muestra al crucificado desde arriba, en un plano inclinado, de manera que el espectador puede ver en Cristo a un ángel o al mismo Dios. Dalí renunció en este cuadro, así como en sus posteriores representaciones de Cristo, a los atributos de la crucifixión, es decir, a la corona de espinas, a los clavos y a los estigmas. «Mi propósito estético en este lienzo era exactamente el contrario del de todas las representaciones de Cristo. Mi principal preocupación era que mi Cristo fuese hermoso, como el Dios que fue.», comentaba acerca de su interpretación del tema. Al martirizado y torturado Cristo presente a lo largo de la historia del arte, Dalí oponía un Cristo hermoso, de acuerdo con su imagen de Dios: «Dios es una personalidad con semblante humano. Pero cuidado: mientras que Dios es imperecedero, nosotros no lo somos.» No obstante, el artista se resistía a representar al hijo de Dios con un rostro concreto y sus ejecu-

Catolicismo

Después de haber sido recibido en audiencia privada por el Papa Pío XII, en la que éste bendijo la primera versión de la *Madona de Port Lligat*, Dalí profesó abiertamente su catolicismo. Tras su regreso de Estados Unidos la pintura del artista, así como sus escritos, versaron cada vez más sobre temas religiosos. En 1951 Dalí publicó su *Manifiesto místico*, con el que pretendía incentivar el interés por su cuadro *El Cristo de San Juan de la Cruz*, primera representación de Cristo pintada por Dalí. Este lienzo surgió a imitación de un pequeño

ciones de Cristo siempre están dispuestas de manera que su cara sea irreconocible.

Dalí pintó también, además de las crucifixiones, un buen número de retratos de ángeles. La idea de un ángel lo fascinaba de un modo especial por su capacidad de adentrarse en la bóveda celestial y de comunicarse con Dios. De ese modo se completa la comunión con Dios, la «unión mística», un tema cada vez más recurrente en su obra. Quizá también sea éste el motivo de que sus representaciones de ángeles adoptasen los rasgos faciales de Gala, que según Dalí encarnaban la pureza y lo sublime.

La originalidad e importancia de las obras de esta fase, la llamada «mística nuclear», radican en la síntesis entre los motivos místico-religiosos y la temática científica. En dicha unión se evidencia la imagen daliniana de Dios. Según manifestó el propio artista, él quería creer en un Dios de semejanza humana; su imagen de Dios, sin embargo, debía ajustarse además a los descubrimientos científicos del siglo XX. En aquella misma época, la Iglesia católica se pronunció ante los descubrimientos de la ciencia moderna: en 1951 la Iglesia modificó su postura reconociendo la Teoría del Big-Bang, que explicaba el origen del universo como la explosión de materia infinitamente densa. Hasta entonces, la Iglesia había rechazado esta teoría porque consideraba que contradecía la visión bíblica de la génesis del mundo.

La Madona de Port Lligat (1950)
Óleo sobre lienzo
144 x 96 cm
Museo de Arte de Fukuoka

El lienzo de Dalí está inspirado en la *Virgen y los santos con Frederico da Montefaltro* (1470-1475), de Piero della Francesca. Ambos cuadros muestran en el fondo un ábside y una concha, símbolo de la inmortalidad, y de la cual pende un hilo que sostiene un huevo. El ábside de Dalí está en ruinas, como lo demuestra la disgregación de sus componentes y el revoque desconchado. Esta situación podría interpretarse como expresión de la infidelidad; sin embargo, la ingravidez de los elementos pictóricos conduce a una nueva forma de espiritualidad. En el pecho de la virgen, por debajo de las manos en posición de orar, se observa una abertura tallada a modo de ventana ante la que levita el hijo de Cristo. El torso del pequeño presenta una abertura similar, en la que se puede ver un trozo de pan, símbolo de la eucaristía.

Dalí y las ciencias

*«El estallido de la bomba atómica el 6 de agosto de 1945 me estremeció sísmicamente.
A partir de ese momento el átomo se convirtió en el objeto principal de mi pensamiento.»*

Salvador Dalí

**Galacidalacidesoxiribo-
nucleidacid** (1963)
Óleo sobre lienzo
305 x 345 cm
The Bank of New England,
Boston

El interés de Dalí por las ciencias se remonta a los años treinta. En aquella época el pintor ya se interesaba por la teoría de la relatividad de Albert Einstein y por la relación espacio-tiempo.
El primer reflejo de esta problemática se materializó en el cuadro *La persistencia de la memoria*.
El lanzamiento de la bomba atómica sobre Hiroshima hizo que Dalí se interesara por la teoría atómica. Fascinado por la idea de que la materia está compuesta por las más

minúsculas partículas elementales, empezó a descomponer las formas de sus motivos pictóricos. De ese modo, quería hacer visibles las fuerzas existentes entre estas partículas y acercar su trabajo al nuevo modelo científico del mundo: «Desmaterialicé plásticamente la materia, después la espiritualicé para poder crear energía.» Por consiguiente su objetivo era teñir su posición científica de cierta espiritualidad religiosa.

En el lienzo *Leda atómica*, Dalí fusiona un tema científico con un motivo de la mitología griega. En este cuadro todo está suspendido en el espacio, incluso las volutas se han despegado del suelo. He aquí una alusión de Dalí al equilibrio energético existente entre las fuerzas de atracción y repulsión del interior del átomo. La relación entre fuerzas se corresponde, por otra parte, a la relación entre Leda y el cisne que se establece en la pintura. A diferencia de lo que sucede

en el mito, donde Zeus, padre de los dioses, consigue acercarse a Leda en forma de cisne, en la versión de Dalí no se produce la unión. A pesar de que Leda, cuyos rasgos coinciden con los de Gala, se vuelve hacia el cisne y de que ambos forman un todo composicional, no se produce contacto alguno. Esta representación gráfica del amor como algo indisoluble pero sin unión sexual corresponde, según la describieron sus biógrafos, a la relación de Dalí con su esposa Gala. En los años sesenta, las inquietudes del pintor apuntaron hacia las eternas preguntas acerca de la génesis y la creación del universo. En el cuadro *Galacidalacidesoxiribonu-cleidacid* se despliega ante los ojos de Gala una visión cosmológica. Dios, cuya figura emerge de las formas del paisaje como sucedía en sus anteriores pinturas cifradas, llama a su lado el cuerpo de Cristo. Junto a su brazo puede reconocerse la molécula del ADN, cuya

estructura había sido descubierta por los bioquímicos Crick y Watson poco antes de aparecer el cuadro. El ADN, que contiene la información genética de cada ser vivo, simboliza aquí la perpetuación de la vida. En cambio, la estructura cristalina de enfrente es una alegoría de la autodestrucción, puesto que cada una de las figuras de las que se compone, podría tanto disparar como ser disparada. El interés de Dalí por los temas científicos se manifiesta a lo largo de toda su obra. El artista era un entusiasta lector de revistas científicas, que le permitían conocer los más recientes descubrimientos. A sus 70 años todavía intentaba asimilar la recién desarrollada teoría de las catástrofes. Un detalle que llama la atención en todas las obras de temática científica es la renuncia a elementos pictóricos escabrosos. La explicación de ello podría hallarse en la estrecha relación que para Dalí existía entre ciencia y religión.

Equilibrio intraatómico de una pluma de cisne (1947)
Óleo sobre lienzo
77,8 x 96,8 cm
Fundació Gala-Salvador Dalí, Figueres

Leda atómica (1949)
Óleo sobre lienzo
61 x 46 cm
Fundació Gala-Salvador Dalí, Figueres

Estudio para *Leda atómica* (1947)
Pluma y tinta
73,5 x 58 cm
Fundació Gala-Salvador Dalí, Figueres

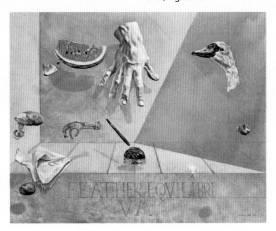

Conferencias y escritos

A lo largo de su vida Salvador Dalí se consagró por igual a las artes plásticas y a la escritura; además de dos diarios y diversas obras pseudobiográficas, también publicó una novela, algunos poemas y un buen número de manifiestos y ensayos de arte. Dalí concedió desde el principio la misma importancia a su actividad como escritor que a su pintura. Debido a que la creación plástica y literaria del artista están íntimamente relacionadas, sus notas se consideran una importante fuente de interpretación de su obra pictórica.

Portada del *Manifiesto místico* (publicado por Robert J. Godet, París, 1951)

Dalí pronunciando la conferencia *Les petits lits blancs* en la Feria de París (entre 1956-1958)

Un ejemplo de la indisociable relación existente entre sus escritos y sus pinturas lo hallamos en el *Manifiesto místico*, publicado en 1951. En esta obra, que pretendía incentivar el interés por su cuadro *El Cristo de San Juan de la Cruz* (página 60), Dalí explica su obra, contraria a las representaciones tradicionales de la crucifixión. Su estrategia resultó eficaz y esta pintura fue vendida por una importante suma de dinero a la Galería de Arte Glasgow.

En los años cincuenta, además de destacar como escritor, Dalí se perfiló como conferenciante. Si en su fase surrealista ya había escandalizado y fascinado al público con sus provocativas apariciones públicas, ahora había convertido su capacidad para cautivar a los oyentes, con sus extravagancias de pisaverde y sus sorprendentes giros grandilocuentes, en una actividad profesional. Sus conferencias, más conocidas por el talento recreativo del orador que por su contenido, lo llevaron a Madrid en 1951, así como por diversas ciudades de Estados Unidos durante 1952, y atrajeron a multitudes de oyentes.

En 1955 Dalí pronunció uno de sus discursos más famosos en la Universidad de la Sorbona, en París. Su llegada resultó por sí misma todo un espectáculo, ya que se presentó en un Rolls-Royce blanco repleto de coliflores. En su conferencia disertó sobre los «Aspectos fenomenológicos del método paranoi-

cocrítico» y aclaró al auditorio la relación que según él existía entre el famoso cuadro de Jan Vermeer *La encajera*, los cuernos de rinoceronte y la espiral logarítmica. Las veleidosas y casi inconcebibles asociaciones del artista, que fueron ilustradas e iluminadas con diapositivas, provocaron el entusiasmo del público y confirieron de por sí a la charla carácter de obra de arte.

Cuadro paranoicocrítico de *La encajera*, de Vermeer (1955)
Óleo sobre lienzo y madera
27,1 x 22,1 cm
Museo Solomon R. Guggenheim, Nueva York

La reproducción del cuadro de Vermeer, *La encajera,* que colgaba en la casa paterna de Dalí, desató una cadena de asociaciones típica del «método paranoicocrítico». Algunas migas de pan que estaban sobre la mesa se habían clavado en el codo del niño, causándole dolor. En ese mismo instante *La encajera* atrajo la mirada de Dalí y le sugirió la imagen de unos cuernos de rinoceronte. Obsesionado con este recuerdo de su infancia, en 1955 Dalí solicitó permiso al Museo del Louvre para poder pintar una copia del cuadro de Vermeer. Para sorpresa de los presentes aparecieron cuernos de rinoceronte sobre el lienzo. El mismo Dalí estaba tan perplejo (o así fingió estarlo) como todos los demás. En sus declaraciones al respecto afirmó que él no había pintado nada más que las espirales logarítmicas en que se basa la composición pictórica de Vermeer. Según relató, éstas correspondían exactamente a las espirales que se hallaban en la forma del cuerno de rinoceronte.

Dalí en el patio de los rinocerontes del zoo de Vincennes, con una reproducción de *La encajera*, de Vermeer (1955)

Dalí pinta cuernos de rinoceronte al tiempo que hace traer un rinoceronte para que embista una copia de *La encajera.* La escena ha sido registrada por un cámara para una película titulada *La prodigiosa historia de la encajera y el rinoceronte,* que nunca se llegó a

Dalí y la fotografía

«A Dalí le gusta que le retrate porque se interesa por las fotografías que no reflejan simplemente la realidad. Prefiere aparecer fuera de la realidad, es decir, de modo surrealista...»

Philippe Halsman

Ya de joven Dalí se aficionó a la fotografía, alentado por su ingenio y sus hallazgos estéticos. Las fotografías le servían de recuerdo, de inspiración y también, naturalmente, de punto de mira para su continua autoescenificación. A menudo las fotografías parecen haber sido un producto de la escenificación del propio Dalí, puesto que el protagonismo del fotógrafo como autor queda relegado a un segundo plano. Tan sólo los más famosos y mejores fotógrafos lograron dejar en sus creaciones su sello particular. Por lo tanto, las fotografías sirvieron principalmente para forjar el mito de Dalí, que él mismo había creado sobre su persona de forma hábil y caprichosa y que una vez describió como «su mayor obra de arte». El fotógrafo

Marc Lacroix, amigo de Dalí, dijo que el artista había empezado en los años setenta a «crear Dalí» ante las malvadas cámaras, como era de esperar en él. En aquella época Dalí ya hacía mucho tiempo que era reconocido como artista, pero por el interés del público y con ello también el de los medios de comunicación se centró, sobre todo, en su excéntrica personalidad, diseñada por Dalí a su propia medida. En 1937 se publicó en la portada de la revista *Time* una fotografía-retrato realizada por Man Ray. El motivo era una exposición sobre el Dadaísmo, el Surrealismo y sus precursores en la historia del arte, que se llevaba a cabo en el Museo de Arte Moderno. Dalí fue elegido para la portada de la revista porque, como escribió un periodista, «sin este catalán, bien parecido, con voz dulce y bigote enroscado, el Surrealismo nunca hubiera alcanzado en Estados Unidos su grado actual de notoriedad». Por aquella época Dalí empezó a cultivar su mirada «fija», característica de muchos de sus retratos. Era consciente de su fotogenia y lo que pretendía con esas fotografías era incrementar

su popularidad. Por ese motivo, los fotógrafos encontraron en Gala y Salvador Dalí modelos pacientes y sumamente flexibles.

El fotógrafo de origen alemán Eric Schaal, quien ante la llegada al poder de los nacionalsocialistas había huido en 1936 a EE.UU. y había conocido a Dalí en Nueva York, logró retratos muy interesantes. En ellos el pintor aparece entre sus motivos pictóricos y en un ambiente escénico surreal, logrando que el mundo onírico de

Izquierda:
Dalí en Nueva York (1939)
Fotografía de Eric Schaal.

Abajo:
Dalí con el fotógrafo Eric Schaal en Nueva York (1939)

Dalí y Gala con máscara de esgrima (1937)
Fotografía de Cecil Beaton.

seguros de haber alcanzado su objetivo. En los años sesenta y setenta, la fotografía sirvió en la mayor parte de los casos para inmortalizar las escenificaciones y procedimientos increíbles del artista. Las litografías para el Don Quijote de Cervantes surgieron, por ejemplo, tras arrojar pintura contra una baldosa. Para hacer comprensible su espectacular manera de proceder, Dalí hizo fotografiarse mientras trabajaba en el proyecto. En los setenta aprovechó las fotografías de doble

imagen de Marc Lacroix para hacer experimentos ópticos, con los que intentaba obtener una pintura tridimensional. Los patrones fotográficos eran condición *sine qua non* para su preciso modo de pintar, necesario para lograr una anamorfosis a través de un complejo sistema de lentes y prismas. En la vida y la obra de Dalí, la fotografía tuvo una importancia relevante como testimonio documental, así como instrumento autodefinitorio. En este medio el artista también demostró su potencial creativo y su pasión por experimentar: en lugar de utilizar la fotografía como mero retrato de la realidad, la empleó para escenificar y «documentar» acontecimientos surreales.

Dalí aparezca como algo «real».
En 1939 el británico Cecil Beaton publicó una serie de fotografías muy poéticas en las que se podía ver a Dalí junto a Gala entre las obras del pintor. En esta serie Beaton juega con diferentes posturas de la pareja. Gala aparece vestida de esgrimidora. Dalí, de pie detrás de ella, mira hacia un lado, prácticamente abstraído, mientras que los ojos de su mujer, a pesar de estar cubiertos por una máscara de esgrima que ella misma sujeta, observan atentamente al espectador. Dalí conoció en el año 1944 en Hollywood al fotógrafo Philippe Halsman y pronto empezaría a trabajar con él. El fruto más famoso surgido

de su colaboración es el retrato *Dalí atómico*, en el que todos los elementos pictóricos del pintor vuelan por los aires.
Actualmente una fotografía de este tipo puede crearse en poco tiempo mediante el tratamiento digital de la imagen, sin embargo, en los años cuarenta fueron necesarias cinco horas de trabajo. Los motivos –sillas, gatos y agua– fueron lanzados al aire tantas veces como fue necesario, hasta que Halsman y Dalí estuvieron totalmente

Dalí en el taller de Murlot elaborando una placa litográfica mediante un disparo de arcabuz (1956)

Tendencias clasicistas

En 1948 Dalí publicó un libro titulado *50 secretos mágicos,* en el que explicaba ampliamente el oficio de pintor. En esta publicación Dalí reveló un buen número de sus técnicas pictóricas, describió con todo detalle la naturaleza de su pincel, enumeró los colores que utilizaba en sus obras y estableció una serie de reglas generales para la vida del pintor. El libro también hace referencia a su interés y reconocimiento de los antiguos maestros, que había iniciado ya a finales de los años treinta durante un viaje a Italia.

En el período iniciado tras su regreso de Estados Unidos, durante el que Dalí, de nuevo, pasaba los veranos en España, su recurrente tratamiento de los temas renacentistas quedó reflejado en precisos estudios gráficos, que servían para preparar la exigente composición de sus cuadros. Port Lligat ofrecía las condiciones ideales para efectuar este complejo trabajo que requería la máxima concentración. La pequeña casa de pescadores que la pareja había adquirido en 1930 se había convertido entretanto en un complejo de edificios comunicados entre sí, donde Dalí encontró la calma y el recogimiento que necesitaba para pintar.

Dalí sentía una fascinación especial por los cuadros de los pintores italianos Rafael y Piero della Francesca y por los españoles Velázquez y Zurbarán, cuyos temas y motivos retomó de modo muy diverso. Aplicando el

Jean Auguste Dominique Ingres
La bañista (1808)
Óleo sobre lienzo
146 x 98 cm
Museo del Louvre, París

Esta espalda desnuda es una de las obras de mayor relieve del pintor clasicista. Ingres, cuyo propósito explícito era representar la belleza y la gracia, es famoso por su trazo nítido y elegante. Su preciso estilo desprende una cierta frescura y contrasta con el resabio erótico del motivo. La comparación del lienzo con la espalda desnuda de Gala pone de manifiesto la afinidad de Dalí con el maestro y revela su excelente dominio de las técnicas pictóricas clásicas.

Gala desnuda, vista de espaldas (1960)
Óleo sobre lienzo
42 x 31,3 cm
Fundació Gala-Salvador Dalí, Figueres

Dalí pinta a su mujer con marcado aire juvenil, cuando en realidad ya contaba más de sesenta años, confiriendo así a su presencia validez atemporal. En la perspectiva de espaldas, por la que Dalí sentía especial predilección, parece que el pintor contempla el mundo a través de los ojos de la mujer.

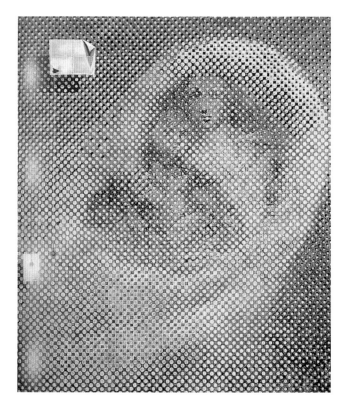

«método paranoicocrítico» a la obra de estos clásicos surgían versiones completamente nuevas y sorprendentes de las antiguas obras maestras. En algunos casos Dalí aunó su predilección por el Renacimiento y su interés por la ciencia, y obtuvo resultados como, por ejemplo, una cabeza rafaelesca que se desintegra en partículas elementales. Sin embargo, también era posible invertir el proceso, de manera que el artista redescubría la obra de un antiguo maestro en una fotografía cualquiera gracias a su técnica asociativa, como sucedió en la *Virgen de San Sixto*.

La Madona sixtina (también: Oreja de la Madona) (1958)
Óleo sobre lienzo
223 x 190 cm
Museo de Arte Moderno, Nueva York

Dalí redactó su *Manifiesto antimaterial* a propósito de este cuadro. El artista tomó como base una fotografía del Papa Juan XXIII que había encontrado en el periódico francés *Paris-Match*.

Rafael
Virgen de San Sixto (hacia 1513)
Óleo sobre lienzo
265 x 196 cm
Gemäldegalerie Alter Meister, Dresde

En un primer momento, el famoso motivo de Rafael apenas puede adivinarse en el cuadro de Dalí, del mismo nombre, puesto que en el lienzo se superponen tres planos verticales. En el más cercano al espectador se han representado dos papeles que cuelgan de sendos hilos. Detrás de ellos hay un retículo gris que, observado desde lejos, se convierte en una oreja. Finalmente, a una distancia aún mayor se reconoce, en la mitad superior de la oreja, a la *Virgen de San Sixto*. Las tres interpretaciones del cuadro de Dalí no son producto exclusivo de la imaginación del espectador, como sucedía en sus anteriores pinturas cifradas, sino que dependen de su posición.

Fama en la posguerra 1958–1970

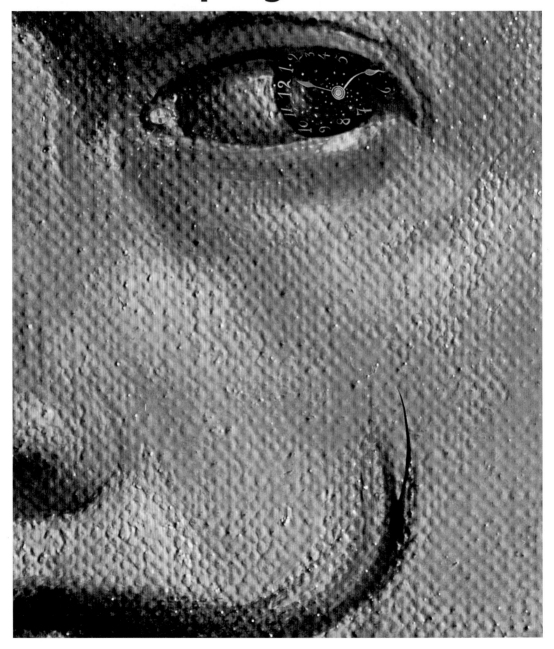

Con el paso de los años, Dalí descubre por sí mismo los límites de la pintura e intenta ampliarlos mediante nuevas técnicas y el estudio de la percepción visual. Su análisis de la ciencia moderna se transforma ahora en una iconografía que acostumbra a sobrecargar sus pinturas. Cada verano, en Port Lligat, surge un cuadro monumental que intenta reflejar a través de un tema histórico su manera de interpretar el mundo, algo así como una combinación de ciencia y metafísica. En el plano estilístico convergen la recuperación de motivos de su propia obra y las corrientes artísticas contemporáneas. Dalí concibe su pintura como un medio para ilustrar su visión del mundo, que integra la relación entre la vida y sus experiencias.

Juri Gagarin, 1961

Dalí con un jazmín, octubre de 1959

1961 Juri Gagarin se convierte en el primer hombre que viaja al espacio. Se construye el Muro de Berlín.

1963 Atentado contra el presidente J. F. Kennedy.

1964 Inicio de las revueltas estudiantiles en Estados Unidos.

1968 Primavera de Praga; las tropas soviéticas entran en Checoslovaquia.

1969 Festival de música rock en Woodstock.

1958 Dalí inicia una serie de cuadros históricos monumentales.

1963 Dalí empieza a interesarse por la genética molecular. Publica *El trágico mito del Angelus de Millet*, cuyo manuscrito estuvo desaparecido durante 30 años.

1965 *La estación de Perpiñán* (también conocida como *Pop-op-yes-yes-Pompier*).

1966 *La pesca del atún*.

1970 Dalí cuenta por primera vez su propósito de construir un museo que llevará su nombre en Figueres. Primera retrospectiva en Europa en el Museo Boijmans Van Beuningen, en Rotterdam.

Izquierda:
Autorretrato macrofotográfico con Gala vestida de monja española
(detalle, 1962)
Guache sobre fotografía de color
78 x 48 cm
Particular

Derecha:
Dalí ilustra su teoría acerca del material duro y blando (1958)

La batalla de Tetuán
(1962)
Óleo sobre tela
308 x 406 cm
Museo de Arte
Minami, Tokio

El cuadro ilustra la
conquista por parte
de los españoles de
la ciudad de Tetuán
en febrero de 1860.
El lienzo de Dalí, que
muestra a él y a Gala
a la cabeza de las
tropas marroquíes,
parece estar más
bien dedicado a su
conquista del mundo
que a la verdadera
representación de
los hechos históricos.
Dalí invierte el
desarrollo de la
historia, de manera
que los infieles, que
en realidad fueron
los perdedores de la
batalla, se convierten
en los vencedores,
con Dalí y Gala al
frente.

Pinturas históricas

En 1958 Dalí creó su primera gran representación de una leyenda histórica, en este caso española, y en posteriores años fueron surgiendo con una periodicidad anual diversos cuadros monumentales. Las perspectivas y las grandes panorámicas caracterizan estos cuadros, así como el tumulto de batallas y las estructuras arquitectónicas. El estilo de estos cuadros de gran formato se orientan, en parte, hacia la pintura histórica y de salón, pomposa y a menudo cargada de erotismo, de las postrimerías del siglo XIX. A principios de los años sesenta este tipo de pintura no era muy apreciada: su realismo extremadamente preciso, que permitía reconocer incluso el más pequeño detalle con precisión, era considerado de escaso valor y de estética aberrante, en una época en la que dominaban tendencias abstractas. Gracias al hecho de haber retomado este género, Dalí fue uno de los primeros que contribuyó en los ochenta a su revalorización.

Aparte de las escenas características de este estilo, se encuentran repetidamente algunos elementos pictóricos inusuales en el pintor, pero conocidos por el contexto de su

La pesca del atún
(entre 1966-1967)
Óleo sobre lienzo
304 x 404 cm
Fundación Paul
Ricard, Ile de Bendor

obra. Este colage le permitió mostrar distintos planos temporales de un mismo tema, de modo que el espectador podía leer y descifrar el cuadro como una historia.

Al igual que en sus obras clásicas, Dalí también se valió en este contexto del uso de un buen número de estilos clásicos y retomó elementos pictóricos de grandes maestros como Rafael o Leonardo da Vinci. En ocasiones, cuando las distintas escenas del tema representado se encuentran una al lado de otra sin relación aparente, la composición de los cuadros a modo de colage tiene un efecto abrumador sobre el espectador. La falta de tensión angustiosa en estas pinturas monumentales resulta chocante al compararlas con sus trabajos del período surrealista, mayoritariamente de pequeño formato. Con frecuencia se basan en una historia conocida y, por lo tanto, plantean menos interrogantes que sus obras anteriores.

A principios de los años cincuenta, Dalí ya había intentado someter su técnica pictórica a determinadas normas tradicionales de la pintura y depurar de ese modo aún más su técnica. Por aquel entonces se interesaba por la composición clásica, sobre todo por la sección áurea descrita en el documento de Fra Luca Pacioli *Proporción divina* (1509), que a partir de entonces utilizaría en sus obras como un principio básico de composición. Sus estudios contribuirían a lograr el equilibrio de la complejidad estructural intrínseca de sus cuadros.

El descubrimiento de América por Cristóbal Colón (El sueño de Cristóbal Colón) (1958-1959) Óleo sobre lienzo 410 x 284 cm Museo Salvador Dalí, St. Petersburg (Florida)

Una virgen con los rasgos faciales de Gala embellece el estandarte de Colón, que llevó el catolicismo al Nuevo Mundo. Las lanzas de la mitad derecha del lienzo hacen alusión al famoso cuadro de Diego Velázquez *La rendición de Breda*, de 1634. En otra alusión, Dalí retoma su *Cristo de San Juan de la Cruz* (página 60), que además de aparecer tímidamente entre las lanzas, también se reproduce en el crucifijo del fraile que se encuentra en el margen inferior del cuadro. Junto al tema histórico, el cuadro presenta rasgos autobiográficos y alude a la «conquista» de América por parte de Gala y Dalí en los años cuarenta. Dalí se representó a sí mismo en la figura del fraile cubierto con una capucha, en el margen inferior del lienzo.

Dalí en escena

Gala no se divorció nunca de Paul Éluard. Incluso después de la temprana muerte de Éluard en 1952, tuvieron que pasar unos años hasta que Gala y Dalí contrajeran matrimonio por la iglesia el 8 de agosto de 1958. Lo sorprendente fue que la ceremonia se celebrara en la más estricta intimidad, teniendo en cuenta que el pintor aprovechaba cualquier oportunidad para exhibirse en público. En esa época empezaba a existir cierto distanciamiento entre Gala y Dalí, y quizá aquella silenciosa ceremonia fue una manera de demostrarse mutuamente la indisolubilidad de su relación. Gala seguía ocupándose de las cuestiones económicas y negociaba con galeristas

y coleccionistas, pero en actos oficiales no se les solía ver juntos. Gala empezó a tener amantes jóvenes y a pasar cada vez más tiempo con ellos. Durante este tiempo Dalí solía verse acompañado de Nanita Kalachnikov, hija del escritor español José María Carretero, quien llamaba al pintor Luis XIV, ya que le recordaba al rey francés. La joven constituía el centro de una especie de corte que Dalí empezó a reunir a su alrededor.

A partir de 1965 entró en la vida de Dalí una nueva mujer, con la que mantuvo una intensa amistad durante más de diez años: la cantante de pop Amanda Lear, cuyo aspecto andrógino fascinaba al pintor. Lear había estudiado arte en Londres, había trabajado en París como mo-

Dalí en Venecia (1961)

La foto muestra a Dalí en un antiguo descapotable de camino al estreno del ballet *Gala*. Es muy típico el bastón que esgrime en una de sus manos, presente en la mayoría de sus apariciones públicas. La pistola, en la otra mano, es una alusión a su nuevo método de pintar, disparando balas de pintura contra el lienzo o el papel. La coreografía para este ballet fue una creación de Maurice Béjart y tanto la escenografía como el vestuario

Arriba:
Dalí hacia 1960

fueron obra de Dalí. El escenario se llenó de inválidos que lanzaban sus muletas contra tinajas llenas de perfume de Guerlain. En medio de esta escena aparecía la diosa de la tierra y el cielo, a cuyos pies se lanzaban los bailarines, que parecían estar desnudos. Gala estuvo presente durante el estreno y, según dicen, acogió la representación de la diosa con una fría sonrisa.

delo para los grandes modistos y era amiga de famosas estrellas del rock como Mick Jagger y Marianne Faithful. Dalí reunía ese tipo de personalidades extravagantes a su alrededor, no sólo para tener compañía, sino también porque le garantizaban atraer la atención de la gente en sus apariciones públicas.

Para saciar su sed de popularidad utilizaba cada vez más la televisión, que a partir de los años sesenta se convirtió en un medio de masas, lo que le permitía llegar a los espectadores que no se interesaban por su arte. Del mismo modo que sus conferencias, sus entrevistas y películas también acabaron siendo espectáculos cuidadosamente escenificados por el artista. Como ejemplo cabe destacar la entrevista que la conservadora cadena inglesa BBC realizó en una ocasión y que Dalí se encargó de convertir en un espectáculo casi surrealista.

Junto con Picasso, Dalí era uno de los artistas vivos más famosos de aquella época. A pesar de su gran popularidad, el pintor no dejó de buscar el protagonismo en cada momento. Como consecuencia de ello mantuvo una estrecha relación con los medios tanto editoriales como cinematográficos, que siempre estaban interesados en nuevas historias que pudieran despertar la atención del público.

Dalí en Port Lligat
(1959)
Dalí no se privaba de hacer bromas cuando se trataba de promocionar su obra y sus ideas en los medios de comunicación.
A veces esas escenas tenían el carácter de verdaderas payasadas. En la foto podemos ver a Dalí con un cuerno de rinoceronte, presente a lo largo de su obra en diferentes contextos. Al polvo de cuerno de rinoceronte se le atribuyen propiedades afrodisíacas.
En sus representaciones, Dalí ponía el acento en su forma fálica, como en la *Virgen autosodomizada* (página 81).
Su fascinación por el cuerno de rinoceronte se explica también desde el punto de vista matemático, ya que su forma, según el artista, describe una curva logarítmica perfecta.

La estación de Perpiñán

Gala y el *Angelus* de Millet precediendo la llegada inminente de las anamorfosis cónicas
(1933)
Óleo sobre tabla
24 x 18,8 cm
Galería Nacional de Canadá, Ottawa

el hombre intenta esconder una erección tapándose con el sombrero, mientras que la mujer, como una virgen en meditación, persevera como si quisiera devorar a su pareja después del acto consumado. El cuadro de Dalí está dominado por una luz central desde la cual se proyectan diversos rayos que forman una cruz de Malta. El propio Dalí aparece dos veces en el cuadro en la misma posición: con las piernas y los brazos abiertos, como si cayera al vacío. Efectivamente, la más pequeña de las figuras, en el centro, parece caer al vacío. Esta caída se opone al estado de suspensión en que se encuentran las figuras más grandes. Dalí alude directamente al cuadro de Millet representando a ambos lados del cuadro –cercados respectivamente por los rayos de luz –al hombre y a la mujer flotando sobre un saco de patatas. Al lado de las figuras aisladas pueden reconocerse las siluetas de

Jean-François Millet
El Angelus
Óleo sobre lienzo
55,5 x 66 cm
Museo del Louvre, París

La estación de Perpiñán ocupa un lugar especial en la obra de Dalí, en la medida en que representa una síntesis de su obra hasta aquel momento. Los elementos más representativos de las distintas fases del artista reaparecen en esta obra en sus más variadas formas: los peñascos de Port Lligat, el «método paranoicocrítico», el motivo central de la pintura de Jean-François Millet, *El Angelus*, la levitación, Cristo, la religión y la mística, así como las ciencias. El cuadro de Millet (1814-1875) se convierte en una obsesión para Dalí desde los primeros años treinta, y constituirá un tema constante en su obra. El artista dio una nueva interpretación «paranoico-crítica» al cuadro, que conocía a través de una reproducción que se encontraba en casa de sus padres: en un campo solitario y bajo una luz crepuscular vemos a un hombre y una mujer, uno frente al otro. Según la interpretación de Dalí,

dos escenas que representan la lectura «paranoicocrítica» que Dalí hace de la obra: mientras la escena de la izquierda muestra como la mujer ayuda al hombre a cargar un saco de patatas en la carretilla, en la escena de la derecha se puede ver a la pareja realizando el acto sexual. Entre las figuras de *El Angelus*, en el centro del cuadro podemos ver a Cristo en la cruz, cuya corona de espinas está dibujada debajo de la locomotora. En una radiografía del cuadro de Millet, Dalí reconoció bajo los pies de la mujer el ataúd de un niño. Esta visión llevó al artista a relacionar y a fundir en una sola figura el Cristo crucificado y su propia persona cayendo al vacío.

La estación de Perpiñán (1965)
Óleo sobre lienzo
295 x 406 cm
Museo Lugwig, Colonia

Portada de *Diary of a Genius*, publicado por Doubleday en Nueva York (1965)

Ilustraciones

Dalí creó sus primeras ilustraciones en París para las publicaciones literarias de los surrealistas. Al mismo tiempo también ilustraba sus propios escritos como *La mujer visible*, en el que aparecen los primeros textos sobre el método «paranoicocrítico». Uno de los puntos álgidos de sus primeros trabajos en esta forma artística son las ilustraciones de 1934 para *Los cantos de Maldoror*, un volumen de «poesía en prosa» del escritor francés Lautréamont (1846-1870), que los surrealistas consideraban como un predecesor suyo por su modo de vida y su estilo literario.

Dalí se había convertido en un artista mundialmente famoso, lo cual garantizaba unas grandes ventas. Por este motivo, numerosos editores mostraron durante los años cincuenta y sesenta un gran interés en trabajar con

Don Quijote y Sancho Panza
(Ilustración para *Don Quijote*, de Cervantes) (1957)
Litografía
41 x 32,5 cm
Boston Museum of Fines Arts, Boston

Sobre esta ilustración Dalí escribió: «Don Quijote es una especie de bufón, el mayor fetichista del mundo que quiere poseer las cosas más curiosas que hay sobre la tierra. Yo, por mi parte, deseo que cada una de mis ilustraciones sobre este personaje sea, por los medios con que ha sido realizada, algo único. Cada elemento de estas litografías debería contener un elemento quijotesco.» Dalí renuncia, con el dinamismo de su pincelada, a dotar de rasgos humanos a su Don Quijote, y lo presenta como una silueta en rotación. Al fondo, a la izquierda, puede reconocerse la figura de su acompañante, Sancho Panza.

El aura de Cervantes (ilustración para *Don Quijote* de Cervantes) (1957)
Litografía
41,7 x 32 cm

el artista. Estos encargos también representaron para Dalí una importante fuente de ingresos.

En 1956 el editor Joseph Forêt encargó unas litografías al pintor que debían servir para ilustrar la novela *Don Quijote* de Cervantes. La actitud negativa de Dalí hacia esta técnica, que consideraba burocrática y «un método falto de rigor, monarquía e inquisición», cambió cuando Forêt le garantizó que tendría total libertad en la elaboración de las planchas. Como sucedía a menudo, Dalí se sirvió de este medio para desarrollar una nueva forma de trabajar, que consistía en lanzar bolas rellenas de pintura contra la piedra y sumergir caracoles en la misma para que después dejaran su huella. Dalí sostenía que después de esto lo único que hacía era firmar las planchas. Pero naturalmente había un trabajo posterior, ya que en las

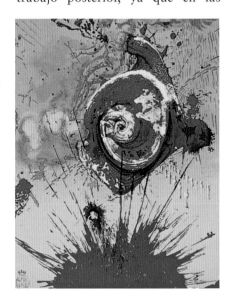

manchas de pintura resultante había que descubrir escenas de la vida de don Quijote y darles relieve con la ayuda de pincel y pluma.

A partir de 1926 Dalí colaboró con el editor Pierre Argilet e ilustró las obras de muchos autores diferentes como Arthur Rimbaud, Guillaume Apollinarie, Sacher-Masoch, Mao Tse-Tung y Johann Wolfgang Goethe. Dalí se había interesado por la literatura desde muy joven y a menudo le pedía a Gala que le leyera en voz alta mientras pintaba. La cantante de pop Amanda Lear, amiga de Dalí durante los años sesenta, declaró haberse hecho cargo de esa tarea varias veces, cuando Gala no estaba. Se desconoce si la lectura correspondía a las obras que él estaba ilustrando en aquel momento, pero es cierto que un buen número de ilustraciones aluden de una forma explícita a los textos que acompañan.

Las ilustraciones de la *Divina Comedia* retoman motivos narrativos de los cantos y los recrean en el lenguaje realista típico del artista. Por otro lado, algunas litografías abstractas del Quijote muestran que el artista, si bien se inspiró en el texto, posteriormente se dejó llevar por las asociaciones fruto del «método paranoico-crítico», y que el lector sólo puede reconstruir la relación con el texto ayudándose de su imaginación.

Los discípulos de Simón (ilustración para la *Divina Comedia* de Dante)
(1951)
Acuarela y sepia sobre papel
43 x 28 cm
Desaparecido

La *Divina Comedia* es un poema formado por 100 cantos; tras un canto introductorio siguen el *Infierno,* el *Purgatorio* y el *Paraíso,* con 33 cantos respectivamente. La ilustración hace referencia a la historia de Ketzer Simon Magnus y a su intento pecaminoso de comprar con dinero un don divino: «Cada una de las bocas ver dejaba/las piernas y los pies de un condenado/hasta lo grueso, y lo otro dentro estaba» se puede leer en el canto 19 del *Infierno,* al que Dalí se refiere concretamente.

Escándalos y catástrofes

Dalí abandona la comisaría de policía tras su detención por el escándalo del escaparate en los almacenes Bonwit-Teller (Nueva York, 1939)

A Dalí le encantaba la provocación. Durante sus años de estudiante en Madrid su imagen excéntrica ya llamaba la atención. Su forma provocativa de vestir y su comportamiento de dandi le sirvieron en un primer momento para afrontar su timidez en entornos sociales. Más tarde, sin embargo, utilizó estos métodos de una forma premeditada para atraer la atención hacia su persona. Sus acciones desconcertantes y sus bromas de difícil interpretación dieron que hablar durante toda su vida. Dalí fue uno de los primeros artistas que utilizó la publicidad como forma de expresión artística, y sus espectaculares apariciones públicas eran una manera de dar a conocer su persona y su obra.
Con motivo de la gran «Exposición surrealista internacional» celebrada en Londres en 1936, Dalí dio una conferencia vestido de buzo. La opresión del traje era tal que apenas podía respirar, pero el público no se dio cuenta de que se estaba ahogando. Al final se percataron del peligro por los gestos de

Muchacha en la ventana
(1925)
Óleo sobre cartón
195 x 74,5 cm
Museo Nacional Centro de Arte Reina Sofía, Madrid

desesperación del pintor y tuvo que ser liberado de su disfraz con un destornillador.
En Nueva York llamó especialmente la atención su decoración de los grandes almacenes Bonwit-Teller, para los cuales creó dos escaparates acerca de la temática de la noche y el día. Cuando al cabo de poco tiempo quiso ver su obra, descubrió que habían cambiado la decoración. En señal de protesta vació en

el interior del escaparate una bañera llena de agua que contenía un maniquí de principios de siglo. La maniobra del artista acabó provocando la rotura de los cristales del escaparate y Dalí fue detenido por la policía. Gala y un mecenas americano tuvieron que comprar su libertad bajo fianza. El juez decidió que Dalí debía restituir el cristal del escaparate, pero añadió que un artista tiene el derecho de defender su

obra hasta el final. Para su defensa, Dalí redactó al poco tiempo un manifiesto con el título *Declaración de la independencia de la fantasía y declaración de los derechos de las personas a la locura*. Como había sucedido al principio del escándalo, la prensa de Nueva York se mostró entusiasmada y elogió al artista por haber defendido la autonomía del arte americano.

En 1949 su hermana Ana María publicó el libro *Dalí, visto por su hermana*, que levantó una gran polémica por el hecho de contradecir las historias y anécdotas que el artista había difundido sobre su infancia. Ana María presentaba un cuadro familiar idílico y a su hermano como un chico adorable y normal; asimismo, describía la juventud de Salvador como mediocre. Dalí se enfureció muchísimo, sobre todo por el hecho de que su padre daba fe de la veracidad de las historias que relataba el libro. Durante varias décadas Dalí había estado forjando una imagen de sí mismo que ahora quedaba destrozada por completo. Tras entablar una nueva discusión con su familia, decidió pintar el cuadro *Virgen autosodomizada*,

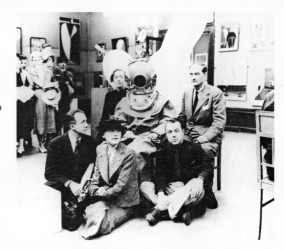

que alude de forma directa a su hermana.

Uno de los mayores escándalos relacionados con Dalí, sin embargo, es menos divertido. En los últimos años, en el mercado artístico han aparecido repetidamente presuntos gráficos originales del artista. El mismo Dalí había tenido siempre el deseo, como él mismo dijo, de ser tan popular que sus cuadros se vendiesen en los grandes almacenes. Desde los años sesenta, cualquiera que tuviese medios económicos suficientes podía editar gráficos de Dalí. Para el artista, esto suponía unos ingresos adicionales que eran siempre bienvenidos. Sin embargo, debido a sus frecuentes viajes, a los editores les resultaba difícil que firmara las láminas, de manera que Dalí decidió firmarlas en blanco.

Sin embargo, la firma sola empezó a adquirir un gran valor, por lo que es prácticamente seguro que en la actualidad existen entre 40.000 y 350.000 de esas láminas firmadas que son utilizadas para falsificaciones.

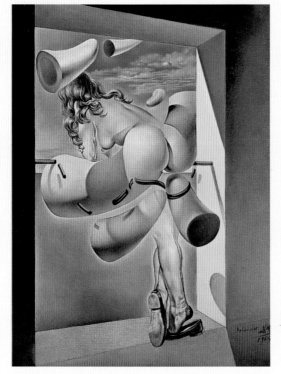

Virgen joven autosodomizada por los cuernos de su propia castidad (1954)
Óleo sobre lienzo
40,5 x 30,5 cm
Colección Playboy,
Los Ángeles

Experimentos tardíos

En los años setenta, Dalí pinta más bien poco y se ocupa intensamente de los planos y las instalaciones para su museo en su ciudad natal de Figueres. Su presencia en los medios de comunicación, así como numerosas grandes retrospectivas en museos importantes lo convierten en una figura mundialmente popular que goza de la admiración de un nuevo público joven. Al mismo tiempo trabaja en cuadros tridimensionales basados en sistemas de prismas o espejos, así como holografías artísticas, cuya técnica había sido descubierta poco antes.

En 1982 muere Gala. A pesar de que los últimos años antes de su muerte se habían distanciado mucho, Dalí se siente muy consternado y se recluye cada vez más. Deja de pintar y se obsesiona con la idea de ser inmortal. El 23 de enero de 1989 Dalí muere en la torre Galatea del Museo de Figueres, donde vivía desde hacía algún tiempo.

El muro de Berlín, 1989

Dalí ante la estatua de Meissonier, 1971

1972 El caso Watergate en EE.UU., cuyas consecuencias obligan a dimitir a Nixon.

1977 Luis Buñuel rueda *Este oscuro objeto del deseo*.

1985 Mijaíl Gorbachov se convierte en Presidente del PCUS e inicia la Perestroika en la Unión Soviética.

1986 Accidente nuclear en la central de Chernobil.

1971 Apertura del Museo Dalí en Cleveland, Ohio (colección de Eleanor y Reynold Morse). Primeros experimentos tridimensionales.

1974 Apertura del Teatro-Museo Gala y Salvador Dalí en Figueres.

1978 Gala y Dalí invitan a SS.MM. los Reyes de España al Museo de Figueres.

1979 Gran retrospectiva en el Centro Georges Pompidou, París.

1982 Muerte de Gala.

1983 Dalí pinta su último cuadro, *La cola de golondrina*.

1989 El 23 de enero muere Dalí. Es enterrado en su Museo de Figueres.

Izquierda:
Dalí de espaldas pintando a Gala de espaldas eternizada por seis córneas virtuales provisionalmente reflejadas por seis verdaderos espejos (detalle)
(entre 1972-1973)
60,5 x 60,5 cm
Fundació Gala-Salvador Dalí, Figueres

Derecha:
Frasquito de perfume Dalí-Femme
(1983)

Figueres

En los años sesenta Dalí ya se planteaba construir un museo que acogiera su obra en su ciudad natal, Figueres. Para ello se escogió como edificio el antiguo teatro de la ciudad, donde 56 años antes había tenido lugar la primera exposición de las obras de Salvador Dalí.

El artista estaba entusiasmado con la idea de inaugurar en vida su propio museo y empezó a trabajar con gran ímpetu en los proyectos de decoración. Se encargó de cada detalle con minuciosa exactitud y supervisó personalmente –con casi 70 años– la realización de las obras. A pesar de que el joven arquitecto Pérez Piñero, con quien Dalí había trabajado conjuntamente en los planos para la reconstrucción del edificio, perdió la vida en un accidente poco antes de que acabaran las obras, el museo

se inauguró el 23 de septiembre de 1974, tal y como estaba previsto.

El Teatro-Museo Dalí de Figueres se reconoce desde lejos por su extraordinaria fachada; destacan especialmente la gran cúpula que cubre la sala central interior y los huevos gigantes que adornan el techo del edificio. El museo se encuentra sobre una pequeña colina y se puede acceder a él por una plaza que Dalí dedicó a los filósofos catalanes Francesc Pujols y Ramon Llull.

Además de numerosos óleos, entre los que se encuentran las mejores obras del pintor, el Teatro-Museo Dalí alberga un buen número de cuadros estereoscópicos y composiciones de la obra tardía del artista. Una de las más sugestivas es la que se encuentra en una de las salas cuyo mobiliario, si se observa desde la puerta de entrada, representa el rostro de una mujer cuya composición se basa en el colage titulado *Rostro de Mae West* (página 44). También pueden verse algunos murales, en los que se retoman motivos típicos de Dalí, como por ejemplo la escenografía para *Bacchanal* (página 55), situado en la sala central, bajo la gran cúpula.

La estructura interna del museo, con sus angostos pasillos que de un modo sorprendente desembocan una y otra vez en amplias salas, provoca que el visitante se desoriente con bastante facilidad. Este efecto laberíntico se ve reforzado por los numerosos objetos surrealistas que Dalí coleccionó a lo largo de su vida y que ahora están expuestos en el museo como una parte de su biografía. Entre ellos podemos encontrar objetos valiosos, como el lienzo del pintor Meissonier –muy apreciado

Dalí delante de *El Cadillac lluvioso* en el patio del Teatro-Museo Dalí (1975)

El Cadillac lluvioso en el Museo de Figueres se realizó a partir de un objeto surrealista del año 1938. Para esta versión Dalí se sirvió de un Cadillac que, según dicen, había pertenecido a Al Capone. La voluminosa mascota que soporta es una escultura de *La reina Ester*, un regalo del artista austríaco Ernst Fuchs.

Salvador Dalí en el Museo de Figueres (1977)

por Dalí–, pero también objetos de poco valor como guijarros, conchas y huesos.

El Teatro-Museo Dalí debe ser contemplado como una obra de arte surrealista en su totalidad. La combinación de las obras del propio pintor con las de otros artistas, a los que Dalí profesaba una gran admiración, así como objetos cotidianos de menos valor, permiten al visitante adentrarse en el mundo y la obra de Dalí. El hecho de que el museo esté repleto de alusiones a su vida lo convierte en una especie de «autobiografía visual».

Actualmente el Teatro-Museo Dalí constituye, junto con el Prado de Madrid y el Museo Guggenheim de Bilbao, uno de los museos más visitados de España.

Experimentos tridimensionales

Hacia mediados de los años setenta Dalí estaba trabajando en diversos hologramas, fascinado por la posibilidad de crear un cuadro realmente tridimensional. En 1974 diseñó un holograma cilíndrico con el título *El pastor y la sirena*, que utilizaba todas las posibilidades que ofrece la holografía, ya que el espectador podía desplazarse alrededor del holograma y captar el efecto tridimensional desde todos los ángulos. Al cabo de poco, sin embargo, abandonó esta nueva técnica –aún poco desarrollada–, debido a que para su creación requería la ayuda de expertos estadounidenses.

Paralelamente Dalí intentaba obtener una representación tridimensional mediante otra técnica de trabajo. Este segundo método era el resultado del estudio que él mismo había realizado del pintor holandés Gerard Dou (1613-1675), un discípulo de Rembrandt, conocido por sus diversas ejecuciones de un mismo cuadro.

¡Holos! ¡Holos! ¡Velázquez! ¡Gabor!
(entre 1972-1973)
Holograma
42 x 57 cm
Fundació Gala-Salvador Dalí, Figueres

Este cuadro holográfico muestra un grupo de jugadores de cartas, entre los cuales aparecen motivos del cuadro de Velázquez, *Las Meninas*. En la parte izquierda puede verse el autorretrato de Velázquez y en el centro, sobre la cabeza del jugador, la hija del rey español.

¡Atenas arde! – Parte izquierda de la estereoscopia, basada en la «Escuela de Atenas» de Rafael
(1979-1980)
Fundació Gala-Salvador Dalí, Figueres

Dalí conocía los cuadros de Dou desde su infancia, pero no había tenido nunca la oportunidad de observar dos obras originales juntas. Por este motivo se tenía que contentar con reproducciones si quería descubrir posibles diferencias entre diversas versiones de un cuadro. Dalí descubrió pequeñas variaciones, prácticamente inapreciables a primera vista, que le hicieron suponer que Dou había llevado a cabo experimentos estereoscópicos.

La estereoscopia utiliza dos cuadros casi idénticos para lograr un efecto tridimensional. Ambos cuadros se unen mediante un sistema de espejos o de prismas, de manera que el espectador tiene una impresión espacial de la representación parecida a la que se obtiene a través de la capacidad visual del hombre, pero reproducida aquí técnicamente. Las perspectivas ligeramente diferentes obtenidas mediante la visión del ojo derecho o izquierdo son fusio-

nadas por el cerebro mediante la sobreposición, en una percepción tridimensional. Una cámara estereoscópica produce igualmente dos instantáneas diferentes del mismo motivo que, vistas a través de un sistema de lentes, produce un efecto de profundidad.

A principios de los setenta, Dalí pintó varios cuadros estereoscópicos a partir de fotografías realizadas con una cámara especial, obra de su amigo fotógrafo Marc Lacroix. Sin embargo, la calidad de sus experimentos tridimensionales ha sido puesta en tela de juicio en varias ocasiones. Para lograr el deseado efecto de profundidad, el pintor se tenía que ceñir en gran medida al original y no podía, por tanto, dar rienda suelta a su inspiración. Por este motivo, los cuadros dan la impresión de ser fotografías pintadas, lo que en realidad son, y no desarrollan una identidad pictórica. Además, el espectador debe adaptarse al punto de vista del artista y a la técnica utilizada en el cuadro, debido a que la pintura sólo se puede observar a través del aparato de lentes instalado delante de la obra.

Gala mirando al mar Mediterráneo, que a una distancia de veinte metros se convierte en el retrato de Abraham Lincoln (homenaje a Rothko) (1976)
Óleo sobre lienzo
252,2 x 191,9 cm
Museo de Arte
Minami, Tokio

El hecho de que el espectador vea en este cuadro a Abraham Lincoln o a Gala, no depende sólo de la distancia a la que se sitúe del cuadro. Para reconocer a Lincoln, hay que intentar concentrarse en un solo punto y no prestar atención a las otras partes, e intentar captar la imagen lo más borrosa posible. Como juego óptico este cuadro va más allá de las anamorfosis de los años treinta: debido a la coloración y al claroscuro de los cuadrados, tras observar la obra durante un buen rato surge la duda de si la apertura en forma de cruz es realmente una ventana que se abre hacia la parte posterior, o más bien se trata de un salidizo con una pintura *trompe-l'oeil.*

Exposiciones y mercado artístico

Las exposiciones de Dalí, al contrario que muchos otros artistas colegas suyos, tuvieron un gran éxito desde la más temprana juventud del artista. En su primera participación en una exposición, a la edad de 14 años, algunos críticos de Barcelona ya reconocieron el gran talento del joven artista. Con su primera exposición individual, en la galería Dalmau de Barcelona, obtuvo todo tipo de elogios por parte de la crítica. A pesar de que Dalí, a principios de los años treinta, ya era conocido en los círculos artísticos de París y sus obras surrealistas despertaban el interés del público, el éxito de ventas todavía se hizo esperar. La deseada sensación de disfrutar de una fuente de ingresos segura no llegó hasta que Dalí firmó en 1936 un contrato con su amigo y mecenas Edward James. A cambio, éste recibió todos los cuadros que el pintor había creado durante la fructífera época que va de 1936 a 1939; una gran parte de esa colección se puede ver hoy en la Tate Gallery de Londres. Durante el exilio americano, Dalí conoció a Eleanor y Reynold Morse, que hacia mediados de los años cuarenta también habían llegado a recopilar un gran número de obras de Dalí. Su colección era tan amplia y albergaba cuadros tan importantes, que los Morse finalmente decidieron crear un museo propio en Cleveland, Ohio, que más tarde se trasladaría a St. Petersburg, Florida, y se inauguraría tres años antes que el Museo de Figueres. Después de que otro galerista americano le cerrara sus puertas, como ya había hecho Julien Levy, Gala, que era extremadamente hábil para los negocios, decidió introducir los cuadros de Dalí en el mercado artístico sin la ayuda de ningún mediador profesional. La venta del cuadro *El Cristo de San Juan de la Cruz* (página 60) a la Glasgow Art Gallery por 8.200 libras motivó las protestas tanto de la dirección del museo como de la población en general. Unos opinaban que la calidad del cuadro no valía

Izquierda:
Retrospectiva de la obra de Dalí en el Centro Georges Pompidou (1979-1980, París)

aquel precio, los otros simplemente encontraban que su valor era desmesurado desde todos los puntos de vista. Dado que el cuadro se había vendido junto con el *copyright*, hasta hoy esta obra supone para el museo una constante fuente de ingresos derivada de la venta de postales. Las reacciones contradictorias que suscita esta pintura es un hecho característico de las obras de Dalí posteriores a la guerra: mientras que el mercado artístico estaba dispuesto a pagar altas sumas por los cuadros del pintor, la crítica consideraba que la calidad de la obra era mediocre. Desde diciembre de 1979, el Centro Georges Pompidou mostró durante más de cuatro meses una gran retrospectiva de las obras de Dalí surgidas entre 1920 y 1980. En el vestíbulo del centro se había construido un conjunto surrealista con motivos de Dalí, y en las salas de exposición, además de pinturas había dibujos, gráficos, objetos, escritos y material fílmico que documentaban la diversidad de su creación artística. Con motivo del 85 aniversario del artista, la Staatsgalerie de Stuttgart, junto con la Kunsthaus de Zúrich, proyectaron una nueva gran retrospectiva.

La muerte del artista en 1989 convirtió este evento en la primera presentación póstuma de sus trabajos. Esta exposición presentaba la obra del artista, desde los primeros hasta los últimos trabajos, desde la perspectiva histórica, prescindiendo de cualquier efecto de espectacularidad, y por ese mismo motivo se convirtió en una referencia muy importante para el estudio riguroso de la obra, cuyos aspectos de contenido suelen descuidarse. En el mercado artístico actual, los mejores cuadros de Dalí pueden alcanzar precios de hasta millones de euros. Algunos cuadros famosos, como *La persistencia de la memoria*, (página 29) son considerados impagables.

Dalí en la galería Charpentier ante su objeto surrealista titulado *Hommage à Emmanuel Kant* (1964)

Exposición de esculturas según modelo de Dalí en la Place Vendôme de París (1995)

Dalí con su figura de cera en el Museo Grévin de París (1968)

Inmortalidad y muerte

En los años setenta, la producción de Dalí desciende notablemente y al mismo tiempo se inicia una fase en la que la obra del pintor es presentada y documentada en numerosas exposiciones y retrospectivas. Esta mayor proyección de su obra se ve reforzada naturalmente por la apertura de los museos de Cleveland, en Ohio, y de Figueres. Después de los años cincuenta y sesenta, que habían estado dominados por las tendencias abstractas, los trabajos de Dalí volvían a gozar de un gran reconocimiento, al tiempo que eran valorados también por un público más joven.

La Academia de Bellas Artes de París encomió los méritos de Dalí como pintor, eligiéndole en 1978 miembro extranjero asociado. Con gran orgullo Dalí, acompañado de Gala, participó en mayo de 1978 en la ceremonia de admisión, y durante su discurso titulado «Gala, Velázquez y el

Portlligat. Casa de Salvador y Gala Dalí (1968)

vellocino de oro» habló de la teoría de las catástrofes del matemático francés René Thom, que intenta explicar los procesos irregulares e inconstantes de una forma matemáticamente exacta.

El 10 de junio de 1982 se

ce que cuando le comunicaron a Dalí la noticia de su muerte, exclamó: «No está muerta, no morirá nunca». Gala fue enterrada en su castillo de Púbol. Tan sólo un mes más tarde, el rey Juan

La sala de los escudos de armas con frescos de Dalí en el techo (hacia 1972)

La decoración del interior de este castillo, regalo de Dalí a Gala, es obra del mismo artista. En los últimos años había acordado con Gala que sólo podría visitarla en este castillo bajo previa invitación por escrito.

El trono del marqués (pintado para el castillo de Gala en Púbol, 1972-1974)

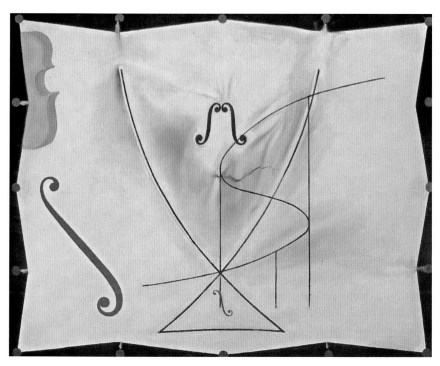

La cola de golondrina (Serie de las catástrofes)
(1983)
Óleo sobre lienzo
73,2 x 92,2 cm
Fundació Gala-Salvador Dalí, Figueres

Este cuadro, inspirado en la teoría de las catástrofes, es el último óleo de Dalí y una de sus obras menos abstractas. Las líneas, que dominan el centro de la composición, representan la cola de golondrina y forman la letra D mayúscula.

Carlos I concedió a Dalí el título de Marqués de Púbol. A principios del año 1983 su estado de salud empeoró notablemente y se negaba a tomar alimento. Obsesionado con la idea de ser inmortal, el artista pretendía conseguir una especie de hibernación, por lo que tenía que ser alimentado a la fuerza mediante una sonda. Su estado mejoró durante un corto tiempo y tras un tratamiento por insuficiencia cardíaca Dalí murió el 23 de enero de 1989. Por deseo propio su cuerpo fue embalsamado y estuvo durante una semana de cuerpo presente en el Museo de Figueres. Finalmente fue enterrado allí mismo, donde una sencilla lápida da fe de su tumba.

Dalí delante de su último cuadro _La cola de golondrina_
(Marzo de 1983)

Dalí posa en un caftán diseñado por él mismo delante de su último óleo. Tras la muerte de Gala el artista se retiró durante un tiempo al castillo de su esposa. Tras el incendio parcial de su nueva residencia, a consecuencia del cual Dalí resultó gravemente herido, el pintor se trasladó al Museo de Figueres.

Glosario

Abstracción Abandono de la reproducción fiel de la naturaleza hasta la renuncia total a representar los objetos.

Alegoría (del griego *allegoria*, «decir de otro modo») Ilustración de un concepto o contenido abstractos mediante su representación simbólica, a menudo a través de su personificación (en forma de personas) o escenificación.

Anagrama Palabra resultante de la trasposición de las letras de otra palabra.

Anamorfosis Dibujo o pintura en que la figura se ve deformada o correcta según desde donde se mira.

Art pop Movimiento artístico desarrollado durante los años 60 en América que consiste en el uso y el montaje de objetos ya existentes (recortes de periódico, folletos publicitarios) para crear nuevos productos orientados a la sociedad de consumo.

Atributo Rasgo característico (un objeto o acción concretos) que se añade a una figura para su caracterización, por ejemplo un traje de pieles para San Juan Bautista.

Automatismo Técnica espontánea de pintura y escritura; expresión artística libre de control racional y de juicios morales o estéticos, utilizada por los surrealistas.

Clasicismo Movimiento artístico entre 1759 y 1840 que se inspira en la Antigüedad, y especialmente en los modelos griegos. La pintura del Clasicismo se caracteriza por los colores claros y un trazo nítido.

Colage Técnica pictórica que consiste en pegar sobre un lienzo o tabla trozos de materiales cotidianos, especialmente recortes de papel, y combinarlos con pinturas o dibujos.

Coreografía Puesta en escena artística de los pasos y movimientos de un ballet.

Cubismo (del latín *cubus*, cubo) Movimiento artístico creado por P. Picasso y G. Braque (aproximadamente en 1907) en el que los objetos no son reproducidos según las impresiones visuales, sino como formas geométricas. Se distingue entre «Cubismo analítico» (entre 1910-1912), que descompone los objetos en pequeñas secciones, y «Cubismo sintético» (entre 1912-1915 con

repercusiones hasta los años veinte).

Dadaismo Movimiento artístico que floreció durante la Primera Guerra Mundial y que se rebela contra los valores artísticos tradicionales. Se caracteriza principalmente por la ausencia absoluta de cualquier significado racional en la creación artística, incluso la literaria.

Escritura automática Proceso de creación artística basado en el psicoanálisis de Freud y utilizado especialmente por los surrealistas. Se origina a partir de una copia de dibujos y textos que presuntamente permite fluir el subconsciente.

Eucaristía (acción de gracias) Sacramento de la Santa Cena celebrado en la iglesia.

Falo Denominación culta para el miembro viril utilizado mayoritariamente para representar la fertilidad y la fuerza.

Futurismo Movimiento artístico y literario de principios del siglo XX. Proclama la ruptura total con la cultura del pasado, exaltando los valores propios de la modernidad como movimiento, maquinismo, velocidad, etc.

Holograma Cuadro de dos dimensiones que mediante la superposición de dos haces de rayos láser puede provocar un efecto tridimensional. La técnica de la holografía se usa desde 1960 en el ámbito del arte.

Impresionismo (del francés *impression*, impresión) Movimiento artístico surgido en Francia hacia 1870 que consiste en captar el objeto en su interdependencia momentánea con la iluminación. Se caracteriza por una técnica difuminada, colores claros y detalles curiosos. Sus motivos preferidos son los paisajes y las escenas de la vida urbana.

Levitación Aparente supresión de la ley de la gravedad. También designa la aparición espiritual de un santo suspendido en el espacio.

Libretto Texto de una ópera u opereta.

Logaritmo Número que indica la potencia a que hay que elevar otro dado para que resulte un tercero también conocido.

Mecenas Amigo e impulsor del arte y las ciencias.

Metáfora Imagen.

Metafísica Parte de la filosofía que se ocupa de las ideas más generales sobre la esencia del universo.

Metamorfosis Transformación.

Misticismo Doctrina filosófica y religiosa que busca la unión con Dios mediante la contemplación y la entrega espiritual.

Mitología Leyendas de dioses y héroes; desde la Antigüedad ha sido muy apreciada en el arte. En el Renacimiento fue redescubierta y constituyó una fuente importante de los temas pictóricos del arte occidental.

Neorrealismo Movimiento artístico que surgió en los años 20 como reacción a los estilos abstractos y subjetivos como el Expresionismo. El resultado fue un mundo de formas sobrio y aislado, que buscaba sus motivos en el mundo de las cosas sensibles.

Obelisco Pilar de piedra de cuatro lados que se erige verticalmente y termina en una punta piramidal. Procede del arte egipcio y su forma fue retomada en el Renacimiento.

Obra Conjunto de los trabajos de un artista.

Pintura de salón Término usado generalmente de una forma despectiva para designar el estilo fiel a las tradiciones académicas de finales del siglo XIX y que hace referencia al gusto artístico de la burguesía.

Pintura histórica Representación de hechos históricos y temas literarios, religiosos, bíblicos y mitológicos plasmados con realismo o idealizados. La pintura histórica fue el género más distinguido hasta finales del s. XIX, seguido de los retratos, los paisajes, la pintura de género y los bodegones.

Pintura *trompe-l'oeil* Recurso pictórico gracias al cual la reproducción de los objetos es tan fiel a la realidad que provocan en el espectador la ilusión de ser reales. Un claro ejemplo de este estilo es la pintura de A. Pozzo *Alegoría de la misión de los jesuitas*.

Psicoanálisis Método desarrollado por Sigmund Freud hacia 1900 para el tratamiento de las enfermedades psíquicas. Freud partía de la base que las causas de las disfunciones psíquicas deben buscarse en la represión de experiencias vividas durante la primera infancia.

Ready-made Término introducido por M. Duchamp en 1913 para designar materiales industriales que tras una ligera modificación, o bien en su forma original, eran declarados «objetos artísticos».

Realismo Representación fiel de la realidad en el sentido más amplio. Asimismo, movimiento pictórico de la segunda mitad del siglo XX que se originó como reacción contra la estética academicista.

Renacimiento Importante período histórico-artístico que se inició hacia 1420 en Italia y tomó como modelos las corrientes de pensamiento y las artes plásticas de la Antigüedad.

Romanticismo Movimiento artístico de principios del siglo XIX que concede la máxima importancia a los sentimientos. Se caracteriza sobre todo por paisajes muy expresivos y por recurrir a las leyendas y la historia medievales.

Sección áurea Proporción de 1:1,4 en superficies y longitudes. Conocida desde la Antigüedad, es considerada especialmente armónica y fue retomada en el Renacimiento.

Surrealismo Movimiento artístico definido a partir de 1924 por un manifiesto de A. Breton. Su objetivo era expresar lo irracional, lo incontrolable, bajo la influencia de procesos mentales asociativos y de la indagación psicoanalítica del subconsciente y los sueños.

Torso Obra escultórica en que se representa la parte central y más voluminosa del cuerpo humano, y a la que están unidos los miembros.

Vanguardismo (del francés *avantgarde*) Denominación que se aplica a los grupos o expresiones artísticas que se resultan avanzados a su tiempo, se alejan de lo establecido y anticipan tendencias.

Voluta Adorno en forma de espiral utilizado en las columnas del arte grecorromano.

Índice

Índice de nombres

Créditos de las ilustraciones

La editorial desea expresar su agradecimiento a los museos, archivos y fotógrafos por otorgar el permiso de reproducción y por su amable colaboración en la realización de este libro.

Clave de abreviaturas:

s.=superior; i.=inferior; izq.=izquierda; der.=derecha; c.=central

Fotógrafos:

Cecil Beaton: 67 s.
Pierre Poulat: 85 i.
Ana María Dalí: 16 i.
Robert Descharnes: 39 s., 64 i., 65 izq., 71 s.der., 75, 83 s.der., 85 s., 86 s., 89 s.der., 90 s./i.der./i.izq., 91 i.
André Micheau: 67 i.

Man Ray: 2
Eric Schaal: 37 s.der., 66 der./izq.
Weegee: 59 s.der.

Image rights of Salvador Dalí reserved. Fundació Gala-Salvador Dalí, Spain, 2005

© Archiv für Kunst und Geschichte, Berlín: 7 s.izq., 47 s.der. (Cameraphoto Epoche), 59 s.der., 60 i., 64 i., 67 s./i., 68 izq., 69 der., 74 i. (Cameraphoto Epoche), 76 i. /Foto: Erich Lessing), 89 i.izq. (Foto: Justus Göpel)

© Pierre Boulat/Cosmos/ Focus, Hamburgo: 85 i.

© The Bridgeman Art Library, Londres: 52 i.

© Collections Musée National d'Art Modern/Cci/Centre Georges Pompidou, París: 20 s.der./i.der./izq. (Fotos: Jean Michel Bouhours)

© Descharnes & Descharnes, París: 4 s.der./s.izq./i.der./i.izq., 5 s.der./s.izq./i.der./i.izq./, 6, 7 s.der./, 8 s./i., 9 der./izq., 19 s./i., 11, 12 s./i., 13, 14, 15 s.der./i., 16 s./i., 17, 18 s./i., 19 der./izq., 21, 22, 23 s.der./i., 24 s./i., 25, 26 s./i., 27, 28, 29 s./i., 30 s./i., 31 s./i., 32 s./i., 33, 35 s./i., 36, 37 i., 38 s., 39 s./i., 40, 41 s./i., 42 s./i., 43 s./c.der./c.izq./i.der./i.izq., 44 s./i.der./i.izq., 45, 46, 47 i., 48 s.der/i.izq., 49, 50 s./c./i., 51 s./i., 52 s., 53, 54 i., 55, 56 s./i., 57, 58, 59 i., 60 s., 61, 62, 63 s.der./s.izq., 65 der./izq., 68 der., 69 izq., 70, 71 s.der../i., 72 s./i., 73, 74 s.der./c.der., 75, 76 s., 77 s., 78 s./i., 79, 80 i., 81 s./i., 82, 83 s./der./i., 84, 85 s., 86 s./i., 87, 89 s.der., 90 s./i.der./i.izq., 91 s./i.

© Eric Schaal/Weidle Verlag, Bonn: 37 s.der, 66 der./izq.

© Hulton Getty Picture Collection, Londres: 15 s.izq., 23 s.izq., 37 s.izq., 47 s.izq., 54 s., 59 s.izq., 71 s.izq., 83 s.izq., 88, 89 i.der.

© Photo Scala, Florencia: 38 i.

El resto de ilustraciones procede de las instituciones mencionadas en el pie de la fotografía o del archivo del editor. El editor ha hecho todo lo posible por ponerse en contacto con los propietarios del Copyright. Sin embargo, si se hubiera producido alguna omisión, rogamos que las personas afectadas se dirijan a la editorial.

Portada:
**Rostro de Mae West (puede ser utilizado
como apartamento surrealista)**
(1934-1935)
Guache sobre papel de periódico
31 x 17 cm
Art Institut of Chicago, Chicago

Fotografía pág. 2:
Salvador Dalí (1929-1931)
Foto: Man Ray

Contraportada:
Salvador Dalí (1959)
Foto: Robert Descharnes

© Les Gands Films Classiques, Paris: Luis Buñuel
© Gala-Salvador Dalí Foundation/VG Bild-Kunst, Bonn, 2005: Salvador Dalí
© Man Ray Trust, Paris/VG Bild-Kunst, Bonn, 2005: Man Ray: p. 2
© VG Bild-Kunst, Bonn, 2005: Eric Schaal, p. 37 h.d., S. 66 d./ g.
© VG Bild-Kunst, Bonn, 2005: René Magritte: p. 34
© VG Bild-Kunst, Bonn, 2005: Max Ernst: p. 52

© 2005 Tandem Verlag GmbH
KÖNEMANN is a trademark and an imprint of Tandem Verlag GmbH

Edición: Peter Delius
Idea de la serie: Ludwig Könemann
Dirección artística: Peter Feierabend
Diseño de cubierta: Claudio Martinez
Diseño: Delius Producing Berlin
Documentación fotográfica: Jens Tewes, Florence Baret

Título original: Salvador Dalí. Leben und Werk
ISBN 3-8331-1068-6 (de la edición alemana)

© 2005 de la edición española: Tandem Verlag GmbH
KÖNEMANN is a trademark and an imprint of Tandem Verlag GmbH

Traducción del alemán: Carme Colominas y Montserrat Sánchez para Equipo de Edición S.L.,
Barcelona
Redacción y maquetación: Equipo de Edición S.L., Barcelona

Printed in Italy

ISBN 3-8332-1363-4

10 9 8 7 6 5 4 3 2 1
X IX VIII VII VI V IV III II I